AF568001

Rainer Thun

Die Fischerkirche zu Büsum

Lutherische Verlagsgesellschaft Kiel

Grußwort

Sehr geehrte Leserinnen und Leser!

Das vorliegende Buch „Die Fischerkirche zu Büsum“ dient zwei Zwecken. Zum einen soll es eine Information über die St. Clemens-Kirche geben. Zwei bisher erschienene Fassungen von 1979 und 1984 sind vergriffen. Umso mehr freuen wir uns, dass Pastor i.R. Rainer Thun eine gründliche Überarbeitung mit Erweiterungen und Ergänzungen vorgenommen hat. Viele perspektivische Fotos wurden neu aufgenommen. Nun steht für Einheimische und Touristen wieder eine umfangreiche, interessante Dokumentation zur Verfügung.

Ein großer Dank gilt Rainer Thun und allen, die zur Umsetzung dieses Projektes beigetragen haben!

Zum anderen soll die Kirche wieder weiß werden. Leider ist es mit einem einfachen Farbanstrich nicht getan. Die kürzlich durchgeführte Untersuchung der Mauern ergab, dass eine Restaurierung angezeigt ist. Wir würden uns freuen, wenn Sie dieses Buch anregt, durch Spenden zur Erhaltung und Restaurierung beizutragen.

Unsere Kulturwarft mit ihrem historischen Rathaus, in unmittelbarer Nachbarschaft die St. Clemens-Kirche, der Neocorus-Platz, das Denkmal geschützte Gemeindehaus und das Pastorat sehen wir als erhaltenswerte Einheit im Mittelpunkt unseres Fischerdorfes Büsum. Ein neu gegründeter Förderverein „Kulturwarft Büsum e.V.“ sammelt für deren Erhalt Gelder: *IBAN DE85 2225 0020 0090 7886 13*, Stichwort *Restaurierung Kirche*.

Viel Freude beim Lesen dieses Buches wünschen Ihnen

Bodo Schröder
Vorsitzender des
Kirchengemeinderates

Hans-Jürgen Lütje
Bürgermeister von Büsum

ISBN 978-3-87503-299-4

Neu bearbeitete und erweiterte Auflage 2022

Titel der Originalausgabe:
Die St. Clemens-Kirche zu Büsum

FSC-zertifiziertes Papier aus verantwortungsvollen Quellen

Umschlaggestaltung, Satz und Layout:
EPN Corporate Publishing, Noreen Leipold – www.epv-nord.de

Inhalt

Vorwort

Mein kleines Buch über die Büsumer Kirche, das zuletzt 1984 erschienen war, habe ich als junger Pastor der Gemeinde verfasst. Es ist entstanden aus den zahlreichen Kirchenführungen, die ich damals gemacht habe. Anfragen, Anregungen und Impulse von Einwohnern und Gästen haben nun dazu geführt, dass mit diesem Buch eine überarbeitete und aktualisierte Auflage vorliegt. Die Geschichte der Büsumer Fischerkirche ist – über das Gebäude hinaus – für mich besonders. Hier zeigt sich die nahezu ideale Verbindung von Kirche und Gesellschaft, von Kirche als genuinem Teil der Gesellschaft, nicht als ein Gegenüber zu ihr. Das Gebäude ist in seiner Entstehung nicht von oben herab verordnet und finanziert, sondern ein Werk der damaligen Bewohner der einstigen Nordseeinsel. Sie haben aus einem bodenständigen Glauben ihre Kirche erbaut. Wobei mit Glauben ein eher emanzipierter, nicht ein dogmatischer Kirchenglaube gemeint ist. Vielleicht auch in dem Sinn des Wortes „Hilf dir selbst, dann hilft dir Gott!" Menschen, die über Jahrhunderte so oft im Kampf mit dem Meer vor dem völligen Aus ihrer materiellen Existenz standen und immer wieder neu anfangen mussten, waren Realisten, machten sich einen eigenen Reim auf die Dinge und ließen sich nicht von einer Religion und deren nicht selten interessegeleiteten Funktionären in Besitz nehmen. So ist die Bereitschaft der Einwohner für den Erhalt und die Ausgestaltung „ihrer" Kirche bis in die Gegenwart bemerkenswert. Nicht wenige fühlen sich auch heute mit diesem schlichten Gebäude, mit „ihrer" Kirche verbunden. Und dies trotz aller Irrungen und Wirrungen menschlicher und politischer Geschichte. Für mich ist diese Kirche ein Symbol für die Tiefe und das Mysterium des Lebens, für sein Scheitern, wie auch für die neuen Anfänge, für seinen Sinn, seine Erfüllung und sein Ziel.

Ich danke allen, die mich bei der Recherche für diese Ausgabe tatkräftig und mit großer Geduld unterstützt haben.

Kiel, im September 2022
Rainer Thun

Die Fischerkirche als Ausdruck volkstümlicher Frömmigkeit

Die mittelalterliche Kirche, im alten Dorfkern Büsums gelegen, gilt vielen als Anziehungspunkt und Kleinod im drittgrößten Nordseebad Schleswig-Holsteins. Von den Bewohnern und Urlaubern geschätzt und besucht, ist diese Kirche trotz ihrer langen Geschichte kein Museum, sondern eine Stätte lebendigen Glaubens. Wenn nicht gerade Strandwetter ist, spazieren Besucher um das Gotteshaus, betrachten es von allen Seiten, fotografieren und suchen den Eingang ins Innere. Beim Eintreten spüren sie sofort die besondere Atmosphäre dieses schlichten Bauwerks. Manche verweilen zur stillen Einkehr, einige haben zunächst nur geschichtliches Interesse, wiederum andere bleiben aus beiden Gründen. Die Namen und Eintragungen in dem Gästebuch der ehrwürdigen Kirche geben Auskunft über Besucherinnen und Besucher aus aller Welt.

Wenige aber werden gleich sagen können, was denn das Ansprechende dieser Dorfkirche ist. Der so eigen geartete Stil, die in heimatlicher Kunst geschaffenen Formen, das immer Wiederkehrende eines Gotteshauses – alles ist in der sagenumwobenen Büsumer Kirche gegenwärtig. Sie hat eine Aura, eine besondere ästhetische und mit allen Sinnen zu spürende Atmosphäre. Die Gebete unzähliger Generationen, ihre Seufzer und ungeweinten Tränen erfüllen den Raum wie ein leiser Nachhall aus fernen Zeiten. Eine wahrlich „durchgebetete" Kirche.

Wer sie in ihrer Prägung verstehen will, muss die Zusammenhänge zwischen Kirche und Kirchspiel berücksichtigen. Kirchspiel bezeich-

Dithmarschen um 1500. Die Karte wurde um 1825 nach alten Vorlagen für die Herausgabe der „Chronik Dithmarschens" des Büsumer Pastors Neocorus angefertigt. Das Werk wurde 1827 durch Prof. F. C. Dahlmann veröffentlicht.

Blick von der Orgelempore ins Kircheninnere nach Osten. 1897

net ursprünglich die einer Kirche zugehörigen Ortschaften. Kirchspiele waren in Dithmarschen schon im Mittelalter relativ autonome Verwaltungsbezirke. In ihnen gab es eine gewisse Demokratie, in der allerdings zunächst lange nur Mitglieder der wohlhabenden Marschbauern-Familien und die Geschlechter, vertraglich einander verpflichtete Rechtsbeistands- und Sozialverbände, sowie weitere Landbesitzer das Stimmrecht für die Regelung der Angelegenheiten ihres Gemeinwesens ausüben durften. Zentraler Ort für Versammlungen und Entscheidungen waren die Kirchen oder der Kirchenplatz auf der zentralen Dorfwurt, die heute in Büsum „Kulturwarft" genannt wird. Auf ihr stehen in einem städtebaulich seltenen Ensemble Kirche, Rathaus, Glockenturm, historisches Pastorat, Bäume, früher kleine Häuser und das moderne Gemeindehaus, wie eine Burg gebaut, dicht aneinander gedrängt, teilweise direkt an den frei stehenden Glockenturm gebaut, als suchten sie Schutz vor Stürmen und Meeresgewalt. Heute zeigt vielleicht nur noch das Restaurant „Alte Post“, südlich gegenüber der Kirche, den leider verloren gegangenen Charme. Das Landesamt für Denkmalspflege Schleswig-Holstein in Kiel hat den mittelalterlichen Ortskern des einstigen Fischerdorfes schon in den 1960er Jahren unter Denkmalsschutz mit den damit verbundenen Auflagen gestellt. In den 1970er Jahren war im Ortskern noch ein Hauch vom einstigen idyllischen Fischerdorf zu spüren. Die letzten typischen Häuser sind ein Opfer der Moderne geworden.

Die Kirchspiele bildeten die kleinste autonome Verwaltungseinheit in der einstigen freien Bauernrepublik. Kirchspiel bezeichnet über Jahrhunderte einen Lebensordnungsraum, der zur selbstbestimmten und stolzen Identität der Dithmarscher gehörte. Das Kirchspiel entschied über alle Angelegenheiten des Gemeinwesens, über das Deichrecht und die Deichlasten, das Wegerecht und den Wegebau, über Verteidigung und ihre Lasten, über den Abschluss von Handelsverträgen, das Recht, strittige Angelegenheiten zu regeln und über die Ausübung der Blutrache, die erst im 16. Jahrhundert durch Intervention der lutherischen Pastoren nach Einführung der Reformation abgeschafft wurde. Die Reformation wurde offiziell am 31. Mai 1533 in Dithmarschen eingeführt, nachdem sich das Land Dithmarschen bereits 1523 von der überwiegend nur sehr sporadisch und locker ausgeübten geistlichen Oberherrschaft des Hamburger Domkapitels losgesagt hatte. Seitdem hatten die Kirchspiele das uneingeschränkte Recht, ihre Pastoren selbst einzusetzen. Büsum wurde 1532 evangelisch, es war ein fließender Übergang ohne Konflikte. Es gab keinen „Bildersturm“ wie oft in Süddeutschland, wo die typisch katholischen Elemente, wie Heiligenfiguren, Tabernakel und anderes mehr zerstört wurden und die Kirchen für einen Lutheraner heute kalt wirken.

Auch werden die Messgewänder der Geistlichen wie in den skandinavischen lutherischen Staatskirchen noch lange in Gebrauch gewesen sein. Die lutherischen Kirchen sind die am meisten „katholisch" gebliebenen evangelischen Kirchen, was sich auch in dem klassischen Gottesdienst, der „Lutherischen Messe", zeigt. Um Äußerlichkeiten, die sogenannten Adiaphora musste nicht gestritten werden, sondern nur um die wesentlichen Glaubensinhalte. Dass man zum Beispiel im Verhältnis zu Gott und Ewigkeit nicht auf die Vermittlung durch einen Priester oder die Kirche angewiesen war, sondern jeder direkt eine Beziehung zu Gott hat und ein mündiger Christ ist. Das kam dem Selbstverständnis, Selbstbewusstsein und Freiheitsstreben der Dithmarscher sehr entgegen.

Die religiöse Toleranz zeigt sich in der jüngeren Geschichte auch darin, dass katholische Einwohner und Urlauber bis Ende der 1970er Jahre seit dem Krieg in der Fischerkirche alle vierzehn Tage sonntags am frühen Morgen ihre katholische Messe gefeiert haben. Dazu kamen katholische Priester aus Heide. Erst am 30. Mai 1982 wurde durch Weihbischof Siegel aus Hamburg, damals zum katholischen Bistum Osnabrück gehörend, eine eigene Kirche in Büsum als Filialkirche der katholischen Pfarrgemeinde St. Josef in Heide geweiht, die Kirche St. Andreas, benannt nach dem Schutzpatron der Fischer. Sie befindet sich in der Straße An der Mühle 60. Zu den Feierlichkeiten waren auch die Pastoren und Repräsentanten der evangelisch-lutherischen Gemeinde eingeladen. Gelebte Ökumene schon seit sehr langer Zeit.

Die Kirchspiele bildeten auch ein starkes föderatives Gegengewicht zum zentralen politischen Organ der Regenten der Republik, dem 48er-Rat, der aus Angehörigen der wohlhabenden bäuerlichen Aristokratie gewählt wurde. Dies waren überwiegend die Großbauern des ehemaligen Sietlandes, des fruchtbaren Marschlandes, das sie dann durch den sehr ertragreichen Roggenanbau und die Viehhaltung wohlhabend gemacht hatte.

Blick in den Kirchenraum vom Altar aus nach Westen. Um 1897

Die Bezeichnung von Orten mit kommunaler Selbstverwaltung als Kirchspiel war noch bis vor wenigen Jahren üblich. So war Büsum lange politisch-kommunale „Kirchspielslandgemeinde“ mit mehreren Dörfern, die auch jetzt noch zur evangelischen Kirchengemeinde Büsum gehören. Erst 2008 haben sich die Stadt Wesselburen, das Amt Kirchspielslandgemeinde Wesselburen mit der Kirchspielslandgemeinde Büsum zum Amt Büsum-Wesselburen zusammengetan. Auch historisch macht das Sinn, weil Büsum und Wesselburen bereits im Mittelalter mit Neuenkirchen und Wöhrden zum Dithmarscher Verwaltungsbezirk Westerdöffte gehörten. Kirchlich und politisch war Dithmarschen lange Zeit in Döffte gegliedert. Döffte ist plattdeutsch, heißt „Getaufte“, meint also die Getauften, die „dazu“ zählten, zu bestimmten Kirchen.

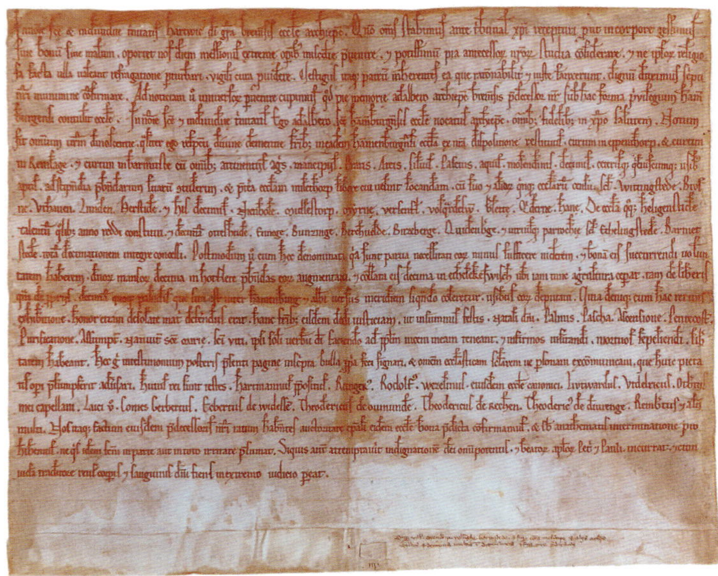

Urkunde des Bremer Erzbischofs von ca. 1140, in der die Kirchspiele Meldorf, Weddingstedt, Süderhastedt, Lunden, Büsum und Uthaven (Brunsbüttel) erwähnt werden.

Religion und Gesellschaft waren eine Einheit, nicht getrennt oder ein Gegenüber.

Die Zeit der freien Bauernrepublik (1127 bis 1559) prägt immer noch das Bewusstsein der Alteingesessenen, denen man eine gewisse Dickschädeligkeit und Sturheit nachsagt. Aber nicht den Nacken vor fremden Herren zu beugen, also Hartnäckigkeit, Willensstärke, Durchsetzungskraft, Mut, Vitalität und Freiheitsstreben waren im Kampf ums tägliche Überleben in rauem Klima und gegen die Macht des Meeres, den „Blanken Hans“, notwendig. Diese „Tugenden“ sind wohl in ihrer genetischen Disposition verankert. Vom Stolz dieser Bauern künden heute noch die alten Marschbauernhöfe, die mit den Herrensitzen des Landadels konkurrieren können. Galten die Dithmarscher als ein besonderer Menschenschlag, so wurden die Festlandbewohner darin von den Insulanern auf Büsum noch übertroffen.

In zahlreichen Auseinandersetzungen unter wechselnden Herren im 11. bis 13. Jahrhundert haben sich die Dithmarscher immer wieder adliger Herrschaft zu entziehen gewusst. Um ihre Unabhängigkeit zu bewahren, scheuten sie auch äußerste Mittel nicht. Zahlreiche adlige Herren und selbst ernannte Grafen von Dithmarschen wurden erschlagen. Man taktierte, diplomatisch geschickt, zwischen dänischem König und Erzbischof von Hamburg-Bremen hin und her, wusste seinen Vorteil zu ziehen aus wechselnden Partnerschaften, schloss Handels- und Beistandsverträge mit den freien Hansestädten Lübeck und Hamburg, die sie mal angriffen und beraubten oder dann um Schutz baten. So spielten sie lange die verschiedenen Parteien erfolgreich gegeneinander zu ihrem eigenen Vorteil aus.

Geschichte und Gegenwart, unauflöslich ineinander verwoben, bestimmen den Stil und besonderen Charakter der Fischerkirche von Büsum. Entstanden allein aus der Initiative der Einwohner der früheren großen Insel „Busen“ in der Dithmarscher Bucht, erbaut in einer großen Gemeinschaftsleistung der alten Geschlechterverbände des Ortes, durch allen Wandel der Zeiten vor Sturm und Gefahr vom Meer bewahrt, steht die alte Kirche von Büsum immer noch in der Nähe von Hafen und ehemaliger Werft, Rathaus, Leuchtturm und Meer. Dem äußeren Bild der Nähe zu den bestimmenden Kräften Büsumer Lebens entspricht die Bedeutung, die die Kirche als einziges Kulturdenkmal von Rang für Einwohner und Gäste besitzt.

Kein mächtiger Dom, nur ein schlichtes Bauwerk von Bauern und Fischern der einstigen Insel Busen. Und doch Zufluchtsstätte, Ort der Anbetung und inneren Festigung – damals und heute. Diese Kirche in Geschichte und Gegenwart darzustellen in der Hoffnung, alte Freunde ein-

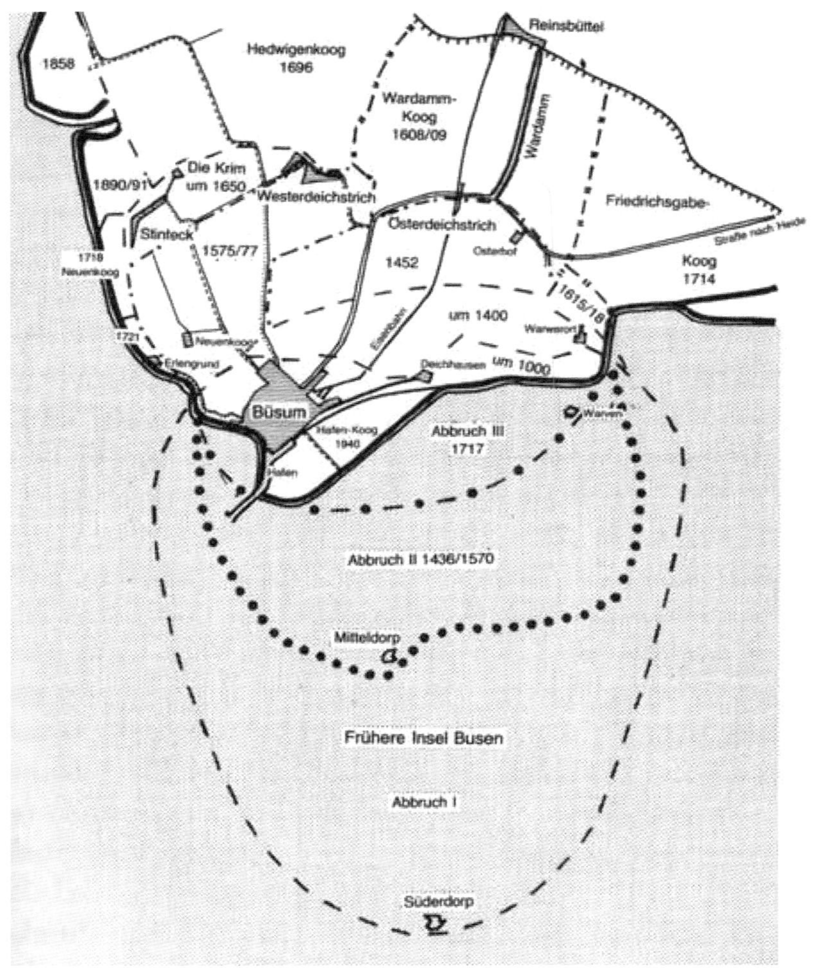

Wie Büsum landfest wurde, nach einer Zeichnung von A. Junge

gehender zu informieren und vielleicht neue zu gewinnen, ist das Anliegen dieses Buches, das einmal entstanden ist aus vielen Begegnungen und Fragen der Kurgäste bei den Kirchenführungen des Autors. Daher auch die anekdotischen Geschichten und Döntjes.

Über die Schwierigkeiten, die Entstehung der Kirche zu datieren

Zur Erfahrung der Bewohner der Nordseeküste gehört die Erkenntnis, dass das Meer zwar Land nimmt, aber auch gibt. Immer noch gilt das Wort: *„Wer nicht will weichen, muss deichen"*. So sind wohl neunzig Prozent der einstigen Insel Büsum in der Dithmarscher Bucht über die Jahrhunderte ein Raub der Fluten geworden. Die Bucht war im Mittelalter wesentlich größer als heute, denn der damals sehr schmale Marschküstenrand erstreckte sich von der Eider auf einer Linie nahe Wesselburen, Wöhrden, Meldorf bis zur Elbe bei dem heutigen Brunsbüttel. „Thiatmaresgaho", „das große Marschenland" oder „Land der großen Moore", war ein unwegsames Land, dessen wichtigste Verkehrswege lange Zeit die Nordsee und die großen Priele waren. Seine natürlichen Grenzen, im Norden die Eider, im Süden die Elbe, im Westen die Nordsee und im Osten die Moore und dichten Wälder machten das Gebiet für Eroberer nahezu uneinnehmbar. Erst durch die Landgewinnungsmaßnahmen seit dem 16. Jahrhundert, die zahlreichen Eindeichungen und die dadurch entstandenen Köge und die Urbarmachung des fruchtbaren „Sietlandes" sind Büsum und das Festland zusammengewachsen. Sietland, von plattdeutsch *„siet"* (niedrig), bezeichnet das unter dem normalen Tidehochwasser der Nordsee gelegene Vorland bzw. noch heute sehr fruchtbare Land vieler Köge, wie man es zum Teil auch von Holland kennt. Bei einem Deichbruch würde dieses Land schon von einem normalen Hochwasser überflutet. Bei der Anreise nach Büsum mit dem Auto ist in der Nähe von

Blick aus der Kirchenstraße auf das Alte Pastorat und die Kirche

Wöhrden in Walle noch der alte Festlanddeich zu sehen. Kilometerlang führt dann die wie mit dem Lineal gezogene Straße durch ehemaliges Meeresgebiet, heute Friedrichsgabekoog, bis nach Oesterdeichstrich, dort dann an Resten des alten Inseldeiches vorbei.

Dithmarschen lag an der äußersten nördlichen Grenze des Frankenreiches. Karl der Große (er regierte von 768 bis 814) hatte sich 811 mit dem dänischen König auf die Eider als Grenze zwischen Karolingerreich und Dänemark geeinigt. Besiedelt wurde Dithmarschen nach dem Untergang des Römischen Reichs und nachfolgender großer Menschenleere infolge der sogenannten Sachsenkriege von sächsischen Stämmen, die in den Norden vorstießen. *„Saxones qui Northelbinga vocantur."* (Die Sachsen, die Nordelbinger genannt werden.) Neben den Dithmarschern siedelten in Holstein und Hamburg die Holsten und Stormarner als sächsische Stämme, während nördlich der Eider, im dänischen Reich, aus ihren Stammgebieten vertriebene Friesen siedelten. Erzbischof Adolf von Bremen zählt die Dithmarscher in seiner um 1075 verfassten Kirchengeschichte (II,15) neben den Holsten und Stormarn zu den drei nordelbischen Sachsenstämmen.

Mit der Unterwerfung der Sachsen durch Kaiser Karl den Großen ging auch ihre erzwungene Christianisierung einher. Für die Missionare ein lebensgefährliches Unterfangen. So heißt es zu Beginn in der Lebensbeschreibung des Bremer Missionsbischofs Willehad (Vita Willehadi), dass es um 782 Aufstände gab und ein Kleriker namens Atrebanus in Dithmarschen ermordet wurde, wie Jahrhunderte später neben anderen auch der lutherische Heinrich von Zütphen. Er wurde 1524 in Heide als Märtyrer (Glaubenszeuge) auf dem großen Marktplatz vor Publikum grausam gefoltert und hingerichtet.

Neben der Dithmarscher Mutterkirche in Meldorf und einigen anderen Kirchen des Landes Dithmarschen wird Büsum erstmals um 1140 in einer Urkunde erwähnt. In ihr sichert der Erzbischof von Bremen-Hamburg dem Hamburger Domkapitel Einkünfte aus den Pfründen der Kirchen für den Lebensunterhalt der Domherren zu. Eine Kirche in einem Süderdorf wird nicht erwähnt, sondern nur eine in Mitteldorf. Diese wurde später durch Menschenhand und Meeresgewalt zerstört. Die Büsumer reagierten pragmatisch und bauten im einstigen Norddorf der Insel „ihre" neue Kirche und statteten sie aus. Denn: Wer eine Pfarrkirche gründete, ausstattete und finanzierte, konnte diese als seine Eigenkirche („ecclesia propria") ansehen. Daraus resultierte nicht nur das Recht des Eigenkirchenherrn, den Pfarrgeistlichen ohne Mitwirkung des Bischofs einzusetzen, sondern auch der Anspruch, die Einkünfte der Kirche auch für sich (und nicht nur für den Geistlichen) nutzen zu können. ... Es mag also durchaus sein, dass die Kirchen in Dithmarschen seit dem 11. Jahrhundert vom Erzbischof oder vom Domkapitel gegründet wurden, doch ist auch damit zu rechnen, dass der lokale Adel, Geschlechterverbände oder Dorfgemeinden dabei mitgewirkt haben." (Bünz/Nissen, S. 110).

Wann der Grundstein dieser neuen, wiederum dem heiligen Clemens geweihten Kirche gelegt wurde, weiß heute niemand genau. Fast immer wird das Jahr 1442 angegeben. Doch diese Datierung steht auf schwachen Füßen. Alte Chroniken machen zum Teil widersprüchliche Angaben, andere haben ganz offensichtlich voneinander abgeschrieben. Wenn man bedenkt, dass Büsum wohl für die Weltgeschichte keine große Rolle spielte, ist man dennoch erstaunt, immerhin so viel Material zur Geschichte der Kirche zu finden.

Für uns ist es heute schwer bis unmöglich, Licht in die Geschichte der genauen Entstehung des Kirchengebäudes zu bringen.

Im Folgenden wird versucht, die überlieferten Angaben zur Entstehung der Kirche, die oft sehr verwirrend und widersprüchlich sind, einigermaßen gewissenhaft zusammenzufassen. Ein Glücksfall für die

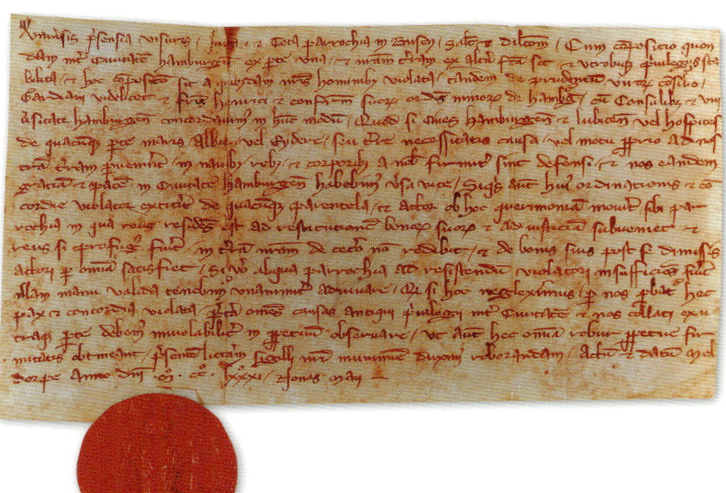

Urkunde von 1281 zwischen Büsum und der Stadt Hamburg. Darin verpflichtet sich Büsum zum Schutz von Hamburger oder Lübecker Bürgern, wenn sich diese „durch die Not gezwungen oder aus eigenem Antrieb“ in Dithmarschen aufhielten. Das rote Wachssiegel zeigt den heiligen Clemens mit dem Anker, dem Schutzheiligen der Büsumer Kirche.

Nachlebenden ist Johann Adolf Köster, genannt Neocorus, um 1600 zweiter Pastor und Diakon in Büsum und Verfasser der ersten „Chronik für das Land Dithmarschen“. Er berichtet, dass es auf der Insel Büsum drei Hauptorte gegeben haben soll: Süderdorf, Mitteldorf und Norddorf, das etwa dem heutigen Ort Büsum entspricht, sowie einige kleinere Orte mit Kapellen, dazu zählen Deichhausen und Warwerort. Die Landkarte „Dat Land tho Ditmerschen“, die um 1825 nach alten Vorlagen für die Herausgabe der „Chronik Dithmarschens“ von Neocorus angefertigt wurde, zeigt die Dithmarscher Küste um 1500. Mitteldorf liegt bereits unmittelbar am Meer, außerhalb des südlichen Seedeiches.

„Büsum ved Flodtid. -
Büsum zur Zeit der Fluth."
Büsum mit dem Ostdeich.
Von Büsumer Deichhausen
aus. Um 1850
A. Nay, Lithografie

Wann Süderdorf unterging, ob es das Dorf gab und dort wirklich eine Kirche stand, weiß man nicht. Vielleicht stützt sich auch Neocorus nur auf alte Sagen, wenn er die erste Kirche der Insel nach Süderdorf verlegt. Archäologisch ist das Dorf bislang nicht bestätigt.

Die erste urkundliche Erwähnung des Namens Büsum finden wir in dem bereits erwähnten Schreiben des Erzbischofs von Hamburg und Bremen aus dem Jahre 1140, in welchem Adalbert dem Hamburger Domkapitel Einkünfte zuspricht. In der Urkunde wird das Kirchspiel „Biusne“ genannt. Von einer Kirche in „Midlestorpe“ ist die Rede, wahrscheinlich ist damit Mitteldorf auf der Insel Büsum gemeint. 1165 wird diese Urkunde von Erzbischof Hartwig bestätigt. Eine weitere Erwähnung Büsums kommt dann erst in einer Urkunde vor, in der Papst Innozenz III. unter dem 9. Dezember 1208 „das ganze Land, das Büsum genannt wird, mit seinem Zubehör“ (totam terram, quae dicitur Busin cum pertinentniis suis) als Besitz des Klosters Hersfeld (oder Rosenfeld) aufführt. Vermutlich ist dies Gebiet dem Kloster um 1142 von Markgräfin Ermengard, der Frau des Markgrafen Otho III. von Stade, geschenkt worden. Die Stader Grafen, die sich als Herren etablieren wollten, sind an den Dithmarschern kläglich gescheitert. Der Untergang Süderdorfs wird oft auch mit der großen „Manndrenke“ von 1362 in Verbindung gebracht. Das plattdeutsche Wort bezeichnet eine der größten Sturmfluten an der Nordseeküste, die große Teile des Landes abgetragen und viele Menschen ihr Leben gekostet hat. Der aus Heide stammende plattdeutsche Dichter Dithmarschens im 19. Jahrhundert, Klaus Groth, seinerzeit Professor für deutsche Literatur in der Landeshauptstadt Kiel, hat dem Untergang in seinem Gedicht „Ool Büsum“ ein Denkmal gesetzt.

Ool Büsum liggt in't wille Haff,
De Floot de keem un wöhl en Graff,
De Floot de keem un spööl un spööl,
Bet se de Insel ünner wöhl.
Dar bleev keen Stehen, Dar bleev keen Pahl,
Dat Water spööl dat all hendal.
Dar weer keen Beest, da weer keen Hund, De liggt
nu all in'n deepen Grund.
Un Allens, wat dar lävt un lach,
Dat deck de See mit deepe Nach.
Mitünner in de holle Ebb
So süht man vun'e Hüüs de
Köpp, Den duckt de Torn herut ut Sand,
As weer't en Finger vun en Hand.
Denn hört man sach de Klocken klingen, Denn
hört man sach de Kanter sig'n,
Denn geiht dat liesen dör de Luft:
„Begrabt den Leib in seiner Gruft!"

Mitteldorf war zusammen mit seiner Kirche aus zwei Gründen dem Untergang preisgegeben. Neben der Bedrohung durch das Meer war die Hauptursache dafür das Verhalten der Büsumer selbst. Neocorus erzählt von den Büsumern immer als einem besonderen Menschenschlag. Es gab die tollsten Geschichten über die Büsumer, die sich sogar von den anderen Dithmarschern auf dem Festland unterschieden, welche die Insulaner stets „geringer geholden hebben". Sie waren ein mannhaftes, *„wrevelich, mottwillich, stridtbar Volk"*, schreibt Neocorus, das mit Hamburgern, Lübeckern, Eiderstedtern, Pellwormern und Nordstrandern oft Streit und kriegerische Auseinandersetzungen hatte. Die älteste erhaltene Urkunde unter dem Siegel des Kirchspiels Büsum 7. Mai 1281 ist eine Art Friedensvertrag der Büsumer mit den Hamburgern und Lübeckern. In dem Vertrag sicherten die Büsumer den Schiffen der beiden Hansestädte entlang der Dithmarscher Küste Schutz zu. Heute ist Dithmarschen immerhin noch ein Landkreis, wenn auch unter mehreren in Schleswig-Holstein, damals aber war es als „Land Ditmarschen" eine freie Bauernrepublik, die eine eigene Verfassung, eigene Rechtsprechung, ja gewissermaßen auch eine eigene „Landeskirche" hatte und eigene Sitten und Gebräuche pflegte.

Unter dem Selbstständigkeitsstreben der Büsumer hatte die geistliche Obrigkeit zu leiden: „Erkannten die Dithmarscher auch eine gewisse weltliche Obrigkeit des Erzbischofs von Bremen an…, ward nicht minder auch der Dompropst in Hamburg als kirchliche Oberbehörde angesehen, der als solcher ebenfalls gewisse Einkünfte von verschiedenen Kirchen bezog, so scheinen doch die Dithmarscher sich große Freiheit in der Verwaltung ihrer inneren weltlichen wie kirchlichen Angelegenheiten erhalten zu haben. Sie wussten der Einwirkung des Erzbischofs nicht minder wie des Dompropsten auszuweichen und eine Klage, die der Dompropst wegen vielfältiger Beeinträchtigungen seiner Amtsbefugnisse und Einnahmen erhob, blieb ohne Erfolg."

Die Durchsetzung des eigenen Willens – oft um jeden Preis – führte zur Vernichtung der Kirche und Ortschaft Mitteldorf. Ralf Karsten von Norddeich bei Wesselburen führte in Verbindung mit einigen Vitalienbrüdern mehrere Raubzüge gegen Hamburg durch. Erst 1416 war ein Vertrag geschlossen worden, der das verhindern sollte. Karsten selbst hatte ihn als Ratgeber der Wesselburener befürwortet. Als aber die Hamburger den Seeräubern untersagten, ihr Korn auch in Häfen außerhalb Hamburgs zu verkaufen, unterstützte Karsten sie in ihrem Kampf gegen die Schiffe der Hamburger. Er fügte ihnen, wenn sie entlang der Westküste Schleswig-Holsteins fuhren, erheblichen Schaden zu. Schließlich rüs-

Blick von Nordosten auf den Chor der Kirche

Gedenktafel für Neocorus über der „Hochzeitstür". Sie wurde anlässlich der Namensgebung des alten Kirchhofs zum Neocorusplatz angebracht.

tete der Hamburger Ratsherr Martin Schwartekopp eine Anzahl Schiffe für den Kampf aus und zog gegen das vertragsbrüchige Dithmarschen. Er unterlag aber den Dithmarschern. Ralf Karsten, ein Hitzkopf, brach anschließend zu einem Rachefeldzug gegen Hamburg auf, verbrannte dort im Hafen mit seinen Leuten viele reichbeladene Schiffe und brachte Beutestücke mit nach Büsum, die in Mitteldorf versteckt wurden. Doch die Hamburger ließen sich das nicht gefallen. Sie unternahmen eine Strafexpedition nach Büsum, legten Mitteldorf in Schutt und Asche und plünderten die ganze Umgebung.

Die Einwohner des Dorfes hatten sich im Schilf von Westeregge-mende, im Nordwesten der Insel gelegen, versteckt und mussten dem Treiben der Hamburger tatenlos zusehen. Diese Feldzüge und Streitigkeiten ereigneten sich zwischen 1420 und 1434. Innerhalb dieses Zeitraums muss die Mitteldorfer Kirche zerstört worden sein.

Die Vertreter der alten Bauern- und Schifferfamilien Büsums beschlossen, den Neubau der Kirche nicht an der alten Stelle auszuführen. Mitteldorf lag inzwischen fast unmittelbar am Meer, der Ort drohte bald auch ein Raub der Fluten zu werden. Einige mutige Einwohner bauten zwar dennoch ihre Häuser wieder auf. Aber mit den Allerheiligenfluten 1436 und 1532 (31.10. - 2.11.1532) wurde der Ort dann doch endgültig vom Meer begraben. Die letzte Allerheiligenflut erreichte mit ihren Überschwemmungen des Landes sogar die jetzige Kirche. Neocorus, unser ältester Gewährsmann, verweist auf die Inschrift des alten, nicht mehr erhaltenen Altars der Kirche: „Im Jahre unsers Hern 1442 iß diße Taffel maket van Jacob, van Lakerß, van Krempe, bi Tiden Her Johan Plone Kerk-Heren, Boden Carsten unde Junge Reimer Sluters, Gade tho Ehren." Aus dieser Inschrift schließt Neocorus auf das Datum der Errichtung der neuen Kirche in Norddorf. Zwingend ist dieser Schluss jedoch nicht. Die Jahreszahl könnte sich auf das Alter des Altars beziehen.

Unser Chronist berichtet weiter, dass die Stelle durch Loswerfen gefunden wurde und man eine vier Meter hohe Warft aufschüttete. Alle wichtigen Gebäude in der Marsch wurden damals auf Warften gebaut, um sie vor Sturmfluten und Überschwemmungen zu schützen. In einer großen Gemeinschaftsleistung wurde Erde für die Kirchenwarft vom „Oland" geholt und die Warft in mühseliger Knochenarbeit unter Beteiligung aller gesunden und kräftigen Männer errichtet. Das Material bestand aus Kleierde (entwässertem lehmartigen Schlick), Mist und Sand.

Gegen die Darstellung des Neocorus sprechen einige Indizien. Und schließlich widerspricht er sich selbst auch. Als er um 1600 einen Keller für sein Haus ausschachten ließ, machte er interessante Funde: ein Beil, das schon zu seiner Zeit außer Gebrauch gekommen war. Auch wurden Fischreusen beim Ausheben der Grube entdeckt. Das alte Diakonat, die Dienstwohnung für Neocorus, stand noch bis zur Jahrhundertwende um 1900 dort, wo sich heute das moderne Gästehaus der „Alten Post" befindet, südlich der Kirche. Zu Recht schließt Neocorus aus den

Funden auf eine Erhöhung der Erdoberfläche durch Menschenhand. Er meint, dass hier einmal das Meer gewesen sein müsste. Erde sei später angeschwemmt und aufgeschüttet worden. Früher hätten sich an der Stelle seines Hauses Fische im Wasser bewegt. Und wo jetzt das Meer ist, hätten früher Menschen gelebt und gewirkt: *„Unnd wreken sich also de Vische, den dar se thovorne gegaen, dar predigt men itz Gottes Wortt, buwet, ackert unde weidet men; Dat thovorne gepredigt, gebuwet, geackert, geweidet, dar spatzeren und mojern itz de Vische unnd Walfische wedderumme."* Erdarbeiten haben auf der Kirchenwarft Dünensand zutage gebracht. Nun erzählt Neocorus selbst einmal von einer Sanddüne, die früher nördlich des alten Norddorf gelegen haben soll, das er in das Gebiet des heutigen Hafens setzt. Auf der Sanddüne soll eine kleine Kapelle gestanden haben, die man barfuß erreichen konnte. Man musste zu ihr bei Ebbe übers Watt gehen. Am Dorfrand lag der Kaplan-Krog, eine Schenke. So ist vermutlich schon vor 1442 mit der Existenz einer Kapelle in oder bei Norddorf zu rechnen. Ausgrabungen haben gezeigt, dass im Fundament unserer jetzigen Kirche zwischen Chorbogen und Kanzel andere Fundamentsteine verwendet wurden als im übrigen Teil der Kirche. An den beiden Seitenwänden zwischen Chorbogen und Kanzel sind romanische Bögen angedeutet. Möglicherweise sind in diesem Teil der Kirche Reste der alten Kapelle erhalten geblieben

Neocorus zufolge soll Cord Widderich, Seeräuber und Freiheitsheld, der Kirche eine bronzene Taufe geschenkt haben. Vielleicht erhielt die alte Kapelle von Norddorf die Geschenke des Seeräubers. Diese könnte zwischen 1434 und 1442 nach der Zerstörung Mitteldorfs erweitert worden sein, um die Funktion der Hauptkirche zu übernehmen. Man erweiterte die Warft. Geld für die Vergrößerung besorgte der geschickte und umtriebige Priester Andreas Brues, von 1493 bis 1532 in Büsum „vicerector", Pfarrstellenvertreter für den eigentlichen geistlichen Inhaber der Pfarrei, einen Domherrn in Bremen, der, obwohl dauerhaft ortsabwesend, den größten Teil der Einnahmen aus den Pfründen bezog. Brues wanderte zweimal nach Rom, um einen Sonderablass für Büsum zu erwirken. Die Bulle des Papstes Alexander VI. vom 3.11.1500 erwähnt ausdrücklich, dass Einnahmen aus diesem Ablass für Reparaturen und Verbesserungen des Kirchengebäudes und für Neuanschaffungen verwendet werden durften *(„in suis structuris et aedificiis debito reparetur, conservetur et manuteneatur nec non libris, calicibus, humanioribus ornamentis Ecclesiasticis et rebus aliis pro Divino cultu inibi necessariis decenter muniatur...“)*. Ein alter Chronist erwähnt die Anschaffung einer Uhr und den Neubau eines Turmes (1514). In dieser Zeit eines gewissen Wohlstands der Kirche kann der abschließende Umbau und die Erweiterung der alten Kapelle vorgenommen worden sein.

Detailbild am Taufbeckenrand. Der byzantinische segnende und thronende Christus, umgeben von den Symbolen der vier Evangelisten.

Für uns ist es heute schwer, Licht in die Geschichte der Errichtung des Kirchengebäudes zu bringen. Die Angaben der alten Chroniken sind nicht immer verlässlich. Ein historisch wirklich abgesichertes Urteil kann man nicht fällen. Manche Fragen müssen unbeantwortet bleiben. Auch baugeschichtliche Untersuchungen der letzten Jahre haben keine neuen Erkenntnisse gewonnen. So bleibt festzuhalten, was wirklich historisch abgesichert ist: Um 1140 gab es auf der einstigen Insel Büsum eine Hauptkirche. Um 1281 war diese Kirche dem St. Clemens geweiht. Das Fundament der jetzigen Kirche ist uneinheitlich im Mauerwerk. Um 1500 ist der heutige Bau fertiggestellt worden.

Leider ist die Bausubstanz schon seit über 100 Jahren sehr schadhaft. Insbesondere der Einsatz „moderner" Methoden zur Instandsetzung und Pflege des Mauerwerks haben zu Feuchtigkeitsproblemen geführt. Zement, Hochdruckreiniger und die neuen Farbanstriche haben zu weiteren Schädigungen geführt. 2016 und 2020 hat der Kirchengemeinderat Gutachten zur „Befundsicherung von Mauerwerk/Putz und Anstrichen innen und außen" und zur „Baugeschichtlichen Grundlagenermittlung – Baubestand und Fundamente" in Auftrag gegeben. Die Ergebnisse sind ernüchternd. „Eine einmalige Sanierung mit einer ‚endgültigen' schnellen Lösung wird es leider nicht geben... Ziel sollte es sein, eine schrittweise Verbesserung der bauphysikalischen Zusammenhänge durch das Entfernen von schädigenden Reparaturmaterialien und eine Reparatur der Schadbereiche im Sinne einer historischen Reparaturtradition und kontinuierlichen Pflege und Wartung mit Kalk, Sand, Ziegelsteinen, wieder aufzunehmen. Insgesamt wird daher empfohlen, die absperrenden zementhaltigen Wandbeschichtungen zu entfernen, um dadurch eine Quelle salzbildender Ionen zu entfernen und wieder eine kapillaroffene Oberfläche zu erhalten... Die Reparatur des Mauerwerks kann mit feldbrandähnlichen Ziegeln, reinem Kalkmörtel aus Sumpfkalk und Sand, reinen Kalk-

Südwestecke der Kirche. Die Südwand ist heute von großen immergrünen Büschen weitgehend verdeckt.

tünchen aus verdünntem Sumpfkalk, etc. erfolgen. Hierzu sollten die ausführenden Maurer und Maler eine gewisse Erfahrung mit diesen Materialien mitbringen." *(Marion Friedrichsen, Dipl.-Restauratorin, S. 31)*

Zur Baugeschichte gibt es keine neuen Erkenntnisse. Der Kirchengemeinde ist ihre Kirche lieb und im wahrsten Sinne des Wortes teuer. Die Verantwortung für dieses historische Gebäude wiegt schwer. Ihr Erhalt ist eine gesamtgesellschaftliche Aufgabe und nicht nur der Kirchensteuerzahler.

Der Name der Kirche

Eine lateinisch abgefasste Urkunde vom 7.5.1281 bezeichnet Büsum als *„Tota parrochia in Busen"* (die ganze Pfarrgemeinde in Busen). Noch Neocorus nennt Büsum um 1600 stets *„up Busen"*. In dem der Urkunde angehängten roten Wachssiegel ist Sankt Clemens mit dem Anker dargestellt. Das Siegel trägt die Umschrift *„S(igillum) Sancti Clementis in Büsum"*. Es ist dem seit 1550 gebrauchten Siegel sehr ähnlich. Die Kirchspielslandgemeinde Büsum führte noch Clemens mit dem Anker in ihrem Siegel, die Kirchengemeinde erst wieder seit 1977. Jahrzehntelang spielte der alte Name vorher keine Rolle, er war nicht geläufig. Man sprach immer nur von der „Kirche", ob es das Kirchengebäude, die Kirchengemeinde oder der Gottesdienst war. Wie auch zum Beispiel nicht vom Konfirmandenunterricht, sondern von der Pastorstunde. Oder plattdeutsch *„Pasterstünn"*.

Die Kirche trägt den Namen des Schutzheiligen der Schiffer und Küstenbewohner. Sankt Clemens war – nach römisch-katholischer Zählung der vierte Papst. Er folgte auf Petrus, Linus und Anaklet, war ein Schüler und Gehilfe des Apostels Paulus (Brief an die Philipper, Kapitel 4, Vers 3). Der Sage nach musste Clemens unter den Christenverfolgungen des Kaisers Trajan leiden. Mit 2000 anderen Christen leistete er Sträflingsarbeit in einem Steinbruch in Pontus, einer römischen Provinz am Schwarzen Meer. Die Gefangenen mussten den Marmor brechen, der für Tempel und Paläste in Rom benötigt wurde. Den Christen im Lager war Clemens ein großer Tröster. Einmal schilderten sie ihm, ihre Lage sei besonders dadurch unerträglich, dass sie das Wasser von weither holen mussten. Clemens betete mit ihnen und erbat von Gott eine Wasserquelle. Noch während des Gebets sah Clemens ein Lamm, das den rechten Fuß erhoben hatte und so auf einen bestimmten Punkt wies. An dieser Stelle ließ er seine Mitgefangenen graben. Die hielten die Mühe jedoch für vergeblich. Da nahm Clemens selbst die Hacke in die Hand, und nach dem ersten Stich floss Wasser aus einer Quelle. Die Legende erzählt, nach diesem Wunder sei die Zahl der Christen in Pontus immer größer geworden.

Kirchensiegel der Ev.-Luth. St. Clemens-Kirchengemeinde Büsum

Der Kaiser höchstpersönlich schickte einen Gesandten von Rom nach Pontus, um die Angelegenheit untersuchen zu lassen. Weil der christliche Glaube unterdrückt werden sollte, wollte er ein Exempel statuieren. Man befahl, Clemens an einen Anker zu binden und ihn ins Meer zu werfen, damit die Gläubigen nach seinem Tod nicht einmal Reliquien von ihm hätten. So starb Clemens grausam den Märtyrertod.

Chorraum der Kirche aus der Vogelperspektive, von der Kanzel herab.

Auf die Gebete der Christen hin soll aber an einem Tag das Meer so weit gewichen sein, dass sie trockenen Fußes auf dem Meeresboden gehen und den Leichnam des Clemens finden konnten. Er soll in einer Kapelle aus Marmor gelegen haben, neben ihm der Anker. Es wird erzählt, dass fortan das Meer in jedem Jahr am Märtyrertag des Clemens, dem 23. November, einen Weg zu dieser Stelle frei mache, so dass man zu seiner Todesstätte pilgern konnte. Alle Kranken, die zu bestimmten Zeiten dorthin wallfahrten, würden ihre Gesundheit wiedererlangen. Solch ein Glaube hat im Mittelalter, als die Menschen von damals unheilbaren Krankheiten heimgesucht wurden, eine große Rolle gespielt.

Zur Weihe der neuen Kirche in Norddorf sollen tatsächlich Reliquien des heiligen Clemens nach Büsum gekommen sein. Heute gibt es im Kirchenarchiv nur einen kleinen Tonkrug, der ein Reliquiengefäß gewesen sein könnte. Es wird erzählt, dass die Reliquien in einem Schrein aufbewahrt wurden. Vor ihm wurden Inhaber wichtiger Gemeindeämter vereidigt. So heißt es im ersten Büsumer Deichrecht von 1445 von den sechzehn Männern, die dieses beschlossen hatten: *„desse vorscreven söstеyn mann hebbe ick Johannes Ploene Kerkherre to Busen gestavet voer sünte Clementis scryn unde eren Ed entfangen van volbort des ghantzen Kerspels to Busen."* (Diese vorhin genannten sechzehn Männer habe ich, Johannes Ploene, Kirchherr zu Büsum, vor den Schrein des heiligen Clemens gestellt und ihren Eid abgenommen vor der Versammlung des ganzen Kirchspiels zu Büsum.)

Die St. Clemens-Kirche

Die Kirche ist im landestypischen Stil erbaut: Ein langer, turmloser Ziegelbau mit einem Dachreiter. Zwar nicht in einem Zuge errichtet, macht sie dennoch einen geschlossenen einheitlichen Eindruck. 1728 wurde die Westseite erneuert und ein Treppenhaus angesetzt. Zu dieser Zeit drohte die Südmauer einzustürzen, sie hatte sich oben fast einen Meter nach innen geneigt. Noch heute ist das Kirchenschiff auf Wölbung angelegt. Der Überlieferung nach rissen die Büsumer damals das gotische Gewölbe ein, ersetzten es durch eine Holzbalkendecke. Um die Wand vor dem Einsturz zu schützen, wurden auf der Nordseite mächtige Wandstützpfeiler errichtet. Diese einfache Technik hat sich über die Jahrhunderte bewährt. Jedenfalls haben die Mauern seitdem gehalten. Die Einsturzgefahr soll durch die heftigen Südweststürme im Frühjahr und Herbst entstanden sein. Ihrem gewaltigen Druck hielten die Mauern ohne

Rettungsmaßnahmen offensichtlich nicht stand. Weniger wahrscheinlich ist, dass der aufgeschüttete Untergrund der Südmauer nachgegeben hatte, denn ihr Fundament ist nirgends erkennbar abgesunken. Nur der obere Teil dieser Mauer neigt sich zum Innenraum. Im Altar- bzw. Chorraum, dem Fünf-Achtel-Chor, ist noch ein Gewölbe vorhanden. Dennoch kann nicht mit Sicherheit beurteilt werden, ob auch das ganze Kirchenschiff früher einmal gewölbt war.

Ein plattdeutsches Sprichwort lautet: *„Een beten scheef is Gott leev."* (Ein bisschen schief ist Gott lieb.) Bei der Büsumer Kirche gilt das sowohl für die Wände und das Dach als auch für ihre Ausrichtung. Die Längsrichtung der Kirche verläuft nicht genau von Ost nach West, sondern sie weist mit ihrem Chor nach Südost. Nun hat man sich schon früh von den Büsumern Geschichten erzählt, die die Insulaner als rechte Schildbürger darstellen. Warum die Kirche von der üblichen Ost-West-Richtung abweicht, hat demnach folgenden „einleuchtenden" Grund:

Bei einer Hochflut beschloss man auf der Insel, die Kirche auf Rollen zu setzen, um sie schnell aus der Gefahrenzone bringen zu können. Bei Sturmfluten sollte das Hochwasser sie nicht erreichen. Nun denn, das ganze Dorf war auf den Beinen, um zu helfen. Reimers Johann Claus markierte die Stelle, bis zu der man das Chorende für die akkurate Ausrichtung schieben musste, mit seiner schönen roten Jacke. Sodann begann die ganze Mannschaft zu schieben. Währenddessen kam ein armer Kerl vorbei, sah die gute Jacke da liegen, freute sich über den lohnenden Fund und nahm sie kurzerhand mit. Nach längerem Schieben schaute Reimers Johann einmal um die Ecke, um zu prüfen, wie weit das Werk gediehen war. Überrascht stellte er fest, dass von seiner Jacke nichts mehr zu sehen war. So rief er seinen Kameraden zu: „Kinnerslüüd, holt op! De

Kark steiht al op mien Jack!" Das leuchtete allen ein, man freute sich riesig über das getane Werk, achtete nicht mehr auf die Himmelsrichtung. Und so hat die Kirche ihre von den anderen Kirchen abweichende Längsrichtung bekommen.

In anderen Versionen dieser Geschichte wird die Aktion nicht mit einer drohenden Überschwemmung bei einer der gewaltigen Sturmfluten der Nordsee begründet, sondern damit, dass dem Herrn Pastor, „Hochwürden", bei der Predigt die Sonne ins Gesicht schien, was ihn aus dem Konzept brachte. Um diesem Übel abzuhelfen, verschob man die Kirche in ihre südöstliche Richtung – mit dem gleichen Ergebnis wie in der anderen mündlichen Überlieferung.

Einleuchtender als diese nicht ganz unfreundlich gemeinten Geschichten für die nicht exakt geostete Kirche ist diese These: Man hat die Kirche nach dem Sonnenaufgang am Tage ihres Namensgebers ausgerichtet. Wo am 23. November die Sonne aufgeht, dorthin ist der Chor der Kirche gerichtet. – Wer es nicht glaubt, möge diese Behauptung am 23. November nachprüfen.

Der spätgotische Bau zeigt typische Merkmale, die auf ein Baujahr nach 1434 weisen. Das Innere ist saalkirchenartig, nach Osten ein schiffsbreiter Fünfachtelchor mit erhaltendem Gewölbe. Der Chor hat außen ältere Stützpfeiler als die 1728 angebrachten Pfeiler an der Nord- und Westwand.

Der erste Dachreiter von 1514 wurde 1614 von dem Zimmermeister Hans Kösters aus Albersdorf abgerissen. Er baute einen höheren Turm auf dem damals schon schwachen Untergestell, das er nun um fünf Meter erhöhte. 1703 brannte ein Teil davon ab, 1752 musste der Dachreiter schließlich ganz erneuert werden. 1863 war nach einem Brand durch Blitzeinschlag schon wieder eine Erneuerung notwendig. Die Jahreszahl auf dem Zifferblatt der Uhr weist darauf hin. 82 Jahre später wurde der Dachreiter schwer beschädigt. Am 4. Mai 1945, ein Tag vor der Waffenruhe im zweiten Weltkrieg, griffen britische Tiefflieger das von Flüchtlingen und in ihren Städten ausgebombten Menschen überfüllte Büsum an. Die völlig ahnungslose Bevölkerung wurde von dem Heulen der Motoren und dem Knattern der Bordkanonen der Kampfflieger überrascht. Geschosse flogen rund um die Kirche ein, zertrümmerten das Gesims an der Westseite des Kirchendaches und beschädigten den Dachreiter. Sechzehn Bomben fielen auf Büsum und zerstörten Häuser am Hafen und in der Alleestraße, sie forderten neun Menschenleben.

Demgegenüber waren die Schäden an der Kirche gering. Aus finanziellen Gründen war eine Reparatur des schadhaften Dachreiters jedoch erst 1950 möglich. Turmbaumeister Herbert Dürr aus Barmstedt in Holstein führte sie durch und erneuerte den Hauptbalken, die Schieferabdeckung, Kugel und Wetterfahne.

Steinhauermeister Pingel aus Heide vergoldete die Kugel und den Windweiser. Da die seit 1863 in der Kugel verwahrten Dokumente durch Witterungseinflüsse unleserlich geworden waren, ließ Pastor Christiansen eine luftdicht verschließbare Bleikapsel fertigen.

Ausführlich und sichtlich auch ein wenig stolz schildert Christiansen in der Chronik der Kirchengemeinde minutiös, was dann geschah. In einer feierlichen Handlung, für die die Schüler der oberen Klassen der Schulen unterrichtsfrei bekamen, gab Christiansen am Reformationstag, dem 31. Oktober 1950 um 10 Uhr zeitgenössische Dokumente, ein silbernes Zweimarkstück mit dem Bild Martin Luthers und weitere Geldmünzen in die Bleikapsel. Sie wurde anschließend vor den Augen der Anwesenden mit dem Lötkolben wetterfest verschlossen und in die vergoldete Kugel gelegt. Dann nahm Turmbaumeister Dürr die Kugel auf seine Schulter und kletterte auf den Turm. Neben der vielen Zaungästen und den Schülern schaute auch der damalige Bürgermeister Hugo Ehrich dem Geschehen zu.

„In dem Augenblick, als die Kugel an ihren Platz sank, spielte die Kapelle auf dem Turmbalkon über der Uhr das Lutherlied: Ein feste Burg ist unser Gott...Während des ganzen Liedes blieb der Turmbaumeister auf der Spitze bei der Kugel mit zum Gebet entblößten Haupte. Es war ein unvergeßlich feierlicher Eindruck." So fasste Christiansen die Zeremonie, die er selbst mit sehr viel Sinn für symbolische Handlungen geplant hatte, in der von ihm handschriftlich verfassten Kirchenchronik zusammen. Am Nachmittag, während des Reformationsgottesdienstes für die Schüler, lag die vergoldete Wetterfahne auf dem Taufkessel. Sie wurde anschließend auf gleiche Weise wie Kugel von Turmbaumeister auf der äußersten Turmspitze befestigt.

Pastor Christiansen und Turmbaumeister Dürr während der feierlichen Zeremonie zur Anbringung der vergoldeten Bleikapsel mit zeitgenössischen Dokumenten auf der Turmspitze.

Ein besonderes Ereignis ist unter dem 18. November 1950 festgehalten. Der Turmbaumeister stürzte beim Einholen der Taue des Gerüstes am Dachreiter von ganz oben ab, fiel zuerst auf das Dach der Südseite der Kirche, dann neben der „Hochzeitstür“, etwa auf Höhe der Kanzel, zu Boden. Ein großer Menschenauflauf bildete sich, allen stockte der Atem. Doch Turmbaumeister Dürr erhob sich. Nur einen Finger hatte er sich verstaucht. Und am Nachmittag setzte er seine Arbeit fort. Die Kirche und die Handwerker, die bei ihr zu tun haben, stehen wohl wirklich unter dem besonderen Schutz einer höheren Macht.

Die alte Uhr von Andreas Brues aus dem Jahre 1502 ist nicht mehr erhalten. Die Jahreszahl am Zifferblatt der Uhr bezeichnet den Neubau des Turms. Das derzeitige Uhrwerk ist erst 1977 installiert worden.

Dithmarscher Kirchen haben zumeist einen frei stehenden Glockenturm. Der Büsumer Glockenturm hat, wie die Chronik zu berichten weiß, eine sehr bewegte Geschichte. In der Zeit von Pastor Andreas Brues errichtet, hatte er zunächst seinen Standort südöstlich neben der Kirche. Nun waren die Büsumer immer recht fortschrittlich. Sie haben nicht nur – der Sage nach – einmal die Kirche auf Rollen bewegt, sondern auch – nun aber wirklich – den Glockenturm im

Durch die „Hochzeitstür“ verlassen frisch getraute Paare die Kirche.

Jahre 1590 durch Zimmermann Jacob Hansen mitsamt den Glocken von Südost in die nordwestliche Ecke des Kirchplatzes gebracht, ungefähr dorthin, wo der Turm auch heute noch steht. Dies handwerkliche Meisterstück hat den geschickten Zimmermann in die Büsumer Geschichte eingehen lassen.

Inzwischen war der Turm so sehr von Häusern umbaut, dass er fast ganz aus dem Blickfeld geraten war. Und als die im ersten Weltkrieg bereits eingezogene, 1740 in der Werkstatt J. A. Biebers gegossene Bronzeglocke auch im zweiten Weltkrieg abmontiert und im Hamburger Hafen gelagert wurde, verfiel der Turm so rasch, dass die am 1. Oktober 1947 zurückgekehrte schwere Glocke nicht mehr im Gebälk aufgehängt werden durfte. Der Kirchenvorstand beschloss, den unter Denkmalschutz stehenden Glockenturm aus seinem versteckten Winkel hervorzuholen und zu erhöhen. Erst sieben Jahre später, 1954, konnte Zimmermann Peter Kruse diese schwere Aufgabe in Angriff nehmen. Er zog den Turm nach vorn, reparierte ihn, hängte ihn an einem Gerüst auf und ließ unter dem frei schwebenden Turm die Gedächtnishalle für die Gefallenen beider Weltkriege bauen. Die Geschichte des Büsumer Glockenturms erregte damals Aufsehen. Sie erschien im „Breklumer Volkskalender“ unter der Überschrift „Ein wandernder Glockenturm“. Und Pastor Christiansen löste sein Zimmermeister Peter Kruse gegebenes Versprechen ein, ihn wie den Zimmermeister Jacob Hansen im Jahre 1590 in der Chronik der Kirchengemeinde zu erwähnen.

Baumeister Otto Hansen, unmittelbarer Nachbar des Turmes und vielleicht Nachfahre des legendären Jacob Hansen, mauerte eigenhändig die Steine für den Sockel der Gedächtnishalle unter dem schwebenden Turm. Kirchenvorsteher und Schmiedemeister Johannes Raabe aus Büsum fertigte das schmiedeeiserne Portal für die Gedächtnishalle nach einem Entwurf des Wesselburener Ingenieurs Bruno Matz. Es zeigt zwei

Pforte mit Engelgestalten vor der Gedächtnis-halle für die Gefallenen in beiden Welt-kriegen. Die Halle befindet sich unter dem Glockenturm.

Engelgestalten, die den Eingang zur Ehrenhalle bewachen. Die Gedächtnishalle im Glockenturm ist eine würdige Stätte des Gedenkens an die Gefallenen beider Weltkriege. In der Rückwand des Raumes sind die Jahreszahlen 1914 - 1918 und 1939 - 1945 und dazwischen ein Fenster mit dem Zeichen des Eisernen Kreuzes angebracht.

Vor dem altarähnlichen Tisch liegt ein großes Buch mit den Namen der Gefallenen aus. Wie ein Kalender zeigt jede Seite des Buches unter der Datumsangabe die Namen der gefallenen Söhne der Gemeinde, die an dem jeweiligen Tag Geburtstag haben. Die Namen sind schon vom Portal aus für den Betrachter zu lesen. Angehörige bringen auch heute noch Blumen und Kränze, die in der Halle aufgestellt werden. Und am Volkstrauertag legen Abgeordnete der Verbände nach dem Gottesdienst Kränze in der Ehrenhalle nieder, bevor sie zum Ehrenmal vor dem Rathaus zur zentralen Feierstunde ziehen.

Nach der gelungenen Restaurierung des Turmes konnte die 700 Kilogramm schwere „Gedächtnisglocke" wieder ihren früheren Platz einnehmen. Zweimal war sie zum Einschmelzen bestimmt und zweimal auf glückliche Weise wieder in ihren alten Heimatort zurückgekehrt. Sie trägt als Widmungsspruch die Worte *„GORIA IN EXCELSIS DEO" (Ehre sei Gott in der Höhe, Lukas-Evangelium Kapitel 2, Vers14).* Die Geschichte der Glocke wirkt wie ein Hinweis auf die Wahrheit dieses biblischen Wortes: Gottes Ehre ist beständiger als menschliches Dichten und Trachten! Zahlreiche weitere Inschriften zieren das Äußere der Gedächtnisglocke:

„ANNO MDCCXL DEN 20. MAY / DES FROMMEN FÜRSTEN TOD / DER BRACHTE MICH IN NOHT / ICH PFLEGTE ZU BEWEINEN / DIE GROSZEN UND DIE KLEINEN / BIS MICH DER FREVLER MACHT / ZUM STERBEN SELBST GEBRACHT / DURCH BIEBER LEB ICH AUF UND SCHALLE FREUDIGLICH / ES LEBE UNSER FÜRST CARL PETER VLLRICH"

Glockenturm neben der Kirche.
Unter dem Baum die Neocorus-Plastik.

Vermutlich hat das Material der Glocke eine längere Geschichte. Der Text könnte darauf hinweisen, dass Bieber eine alte Glocke eingeschmolzen hat, um daraus eine neue zu gießen. Weiter ist am Glockenrand zu lesen: *„Me fecit (= mich hat gemacht) Meister Johann Andreas Bieber, Hamburg Anno 1740“* Auch die geistlichen und weltlichen Herren haben sich von Meister Bieber für die Nachwelt festhalten lassen: *„Herr*

Tobias Krohn, Pastor – Maas Gottfried Bump, Diaconus, H. Johann Schipper, Kirchspielsvoigt – H. Johann Schipper, Kirchspielsvoigt-Adyunctus, H. Reimer Dyrssen, Vollmacht – H. Joh. Heinr. Von Cölln, Kirchspielsschreiber – H. Joh. Icke, H. Claus Hinrichs – H. Carsten Tiessen, Paul Gertz, Deputierte; H. Joh. Dyrssen – H. Dirk Dessen, H. Reimer Bohnsen – H. Reimer Berends, Baumeistere“.

Zur Einweihung der Gedächtnishalle am Volkstrauertag 1954 rief die Gedächtnisglocke zum ersten Mal seit dem Beginn des zweiten Weltkrieges die Büsumer wieder zum Gottesdienst. Bis zum Weihnachtsfest 1954 fanden zwei weitere Glocken „Frieden“ und „Freude“ ihren Platz im Glockenturm. Sie läuteten während der Christvesper am Heiligen Abend im sinnreichen Zusammenklang mit der Weihnachtsbotschaft von Frieden und Freude.

Die Glocke mit dem Namen Frieden trägt die Inschrift *„MEINEN FRIEDEN GEBE ICH EUCH“* nach dem Johannes-Evangelium Kapitel 14, Vers 27 und die Schwesterglocke „Freude“ nach dem Lukas-Evangelium Kapitel 2, Vers 10 *„ICH VERKÜNDIGE EUCH GROSSE FREUDE“*. Im Ostergottesdienst 1958 nahm Pastor Fridberd Zarnack die vierte Glocke mit dem Namen „Dank“ in Gebrauch. Sie trägt als Widmungsspruch die Umschrift: *„OPFERE GOTT DANK – PSALM 50 VERS 14“.*

Kanzel mit Treppenaufgang, Kanzelkorb und Schalldeckel

Rundgang durch die Kirche

Das Innere der Kirche ist vor allem durch die umfassende Renovierungstätigkeit um 1728 bestimmt. So stammen Altar, Kanzel, weite Teile des Gestühls aus dem späten Barock. Der alte Altar, die alte Kanzel und das ursprüngliche Gestühl sind heute nicht mehr vorhanden. Der kostbarste und älteste Gegenstand der Kirche ist das bronzene Taufbecken aus dem 13. Jahrhundert.

Das Taufbecken

Wie fast alle Gegenstände in der Kirche Leistungen der Dorfgemeinschaft oder Zuwendungen Einzelner sind, so verdankt Büsum das Taufbecken einem berühmten Dithmarscher. Darauf sind die Einwohner stolz. Die Legende verbindet seine Herkunft mit Cord Widderich. Zu Anfang war die Kirche oder einstige Kapelle in Norddorf sehr einfach ausgestattet. Reichtum war den Inselbewohnern fremd. Der ständige Kampf ums Überleben beeinträchtigte all ihre Leistungen und brachte sie nicht selten um den Ertrag ihrer Arbeit. So war man für Stiftungen einzelner sehr dankbar. Infolge der harten Lebensbedingungen und geringen Chancen wurden manche unternehmungslustige Dithmarscher zu Seeräubern und schlossen sich Vitalienbrüdern an. Cord Widderich war ein besonders erfolgreicher Pirat. In seiner Glanzzeit schlug er sein Domizil im Kirchturm der Pellwormer Kirche auf. Reste des 1611 eingestürzten alten Turms sind bis in unsere Zeit erhalten geblieben. Von dort oben hatte er einen guten Überblick über die auf See vorbeifahrenden Schiffe, denn die alte Pellwormer Kirche liegt in unmittelbarer Nähe des Meeres.

Am Tage ließ Widderich die Glocken läuten, wenn beuteträchtige Schiffe in Sicht waren. Die Glocken riefen seine Gefolgsleute zusammen. Manches Mal mag es vorgekommen sein, dass Gottesdienstbesucher dem Priester aus der Messe davonliefen, in ihre Boote stiegen, um an der vielversprechenden Beute teilzuhaben. Cord Widderich war ein ziemlich rauher Geselle, der auf Höflichkeit und Takt wenig Rücksicht nahm. So stürmte er mit seinen Mannen oft die Turmtreppe hinunter und eilte durch die Kirche an den Strand. Die erbeuteten Schätze und Reichtümer, die er behalten wollte, lagerte er im Turm. In der Nacht wurden am Strand Feuer entzündet. Das Licht strahlte den vorbeifahrenden Schiffen falsche Signale übers Meer. Wehe dem Kapitän, der sich nach ihnen richtete. Er verfehlte seinen Kurs und lief auf Sandbänken auf. Diese Methode war für Widderich die angenehmste. Denn nach altem Recht gehörte Strandgut dem Finder. Schiffsbesatzungen mussten von ihren Angehörigen oder der Reederei freigekauft werden. In diesem Fall konnte der Seeräuber sich ganz legal bereichern, solange ihm niemand etwas nachweisen konnte.

Als Cord Widderich sich nach Büsum begab, brachte er der Büsumer Kirche einige wertvolle Kultgegenstände mit, die er auf seinen Raubzügen erbeutet hatte. Neben dem Taufbecken so auch zwei alte Heiligen- und Sakramentsschreine, goldenes Abendmahlsgerät, eine Monstranz, Messgewänder und anderes mehr. Davon sind heute nur noch das Taufbecken und ein alter Schrank neben dem Altar erhalten. Ein weiterer Schrank wurde dem Meldorfer Museum zur Verfügung gestellt. Das wertvolle Gold- und Silbergerät verkauften die Büsumer während der Reformation.

Das Taufbecken (90 Zentimeter hoch mit einem Durchmesser von 81 Zentimetern) ist eine Leistung städtischer Werkstatt. Seine Form weist

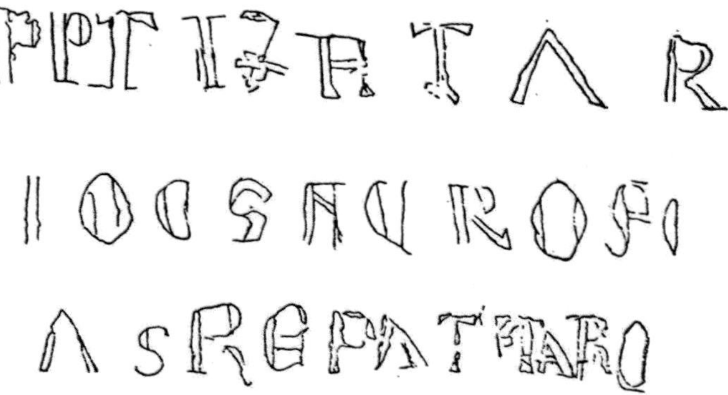

Teil der Inschrift am Taufbecken (nach R. Haupt)

Ähnlichkeiten mit den Taufbecken im holsteinischen Rendsburg, in Kellinghusen, Bad Bramstedt und Marne auf. In der künstlerischen Gestaltung sind christlich-byzantinische und heidnisch-germanische Einflüsse ineinander verwoben. Typisch germanisch ist der dreifach abgetreppte Bodenring. Darauf stehen vier Trägerfiguren, jeweils zwei sind gleich. Je zwei tragen eine Kapuze, je zwei eine Kappe als Kopfbedeckung.

Wenn morgens die Sonnenstrahlen in die Kirche fallen, zeigt das Taufbecken seinen schönsten Anblick. Es lohnt sich, dann – am besten auf dem Boden liegend – die Trägerfiguren genau zu betrachten. Die beiden Figuren mit der Kappe haben die Beine in Stellung der schweren Last, die Knie sind durchgebeugt. Die Gewänder haben typische Schüsselfalten des 13. Jahrhunderts. Die beiden Figuren mit der Kapuze tragen streng herunterfallende Falten im Gewand, die Knie sind bei ihnen nur leicht von der Last des Taufkessels durchgedrückt. Alle vier Trägerfiguren haben auf der Brust Abdrücke von Brakteaten (Silberblechmünzen). Vermutlich hat der Gießer sich in den Figuren selbst abgebildet.

Der Taufkessel wird von vier gleichen Bildern geschmückt. In der Mitte jeder Darstellung jeweils der thronende Christus, vom Nimbus

Das vom Seeräuber Cord Widderich in Pellworm entwendete und der Büsumer Kirche gestiftete bronzene Taufbecken.

(Heiligenschein) umgeben, in der linken Hand ein Buch, die rechte Hand segnend, lehrend oder mahnend erhoben. Jede Christusdarstellung ist von den Symbolen der vier neutestamentlichen Evangelisten (Löwe, Stier, Adler, Engel oder Mensch) umrahmt.

Der Adler steht für das Johannes-Evangelium. Wie sich der Adler mit mächtigen Schwingen in große Höhen erhebt, so kommt auch das Wort

Gottes, der Logos, aus Gottes Sphäre hinab zu den Menschen und erhebt sich wieder zu Gott empor. Das Johannes-Evangelium beginnt mit den Worten: „Im Anfang war das Wort, und das Wort war bei Gott, und Gott war das Wort.“ Der Stier spielt im Lukas-Evangelium im Opfer des Zacharias eine Rolle, und in der Weihnachtsgeschichte finden Ochs und Esel im Stall zu Bethlehem Beachtung. Der Evangelist Matthäus beginnt mit einem langen Stammbaum der Vorfahren Jesu, der auf den berühmten König Israels David (1010-970 v. Chr.) zurückgeht. Daher soll der Mensch dieses Evangelium symbolisieren. Und das Markus-Evangelium beginnt mit der Bußpredigt Johannes des Täufers, der wie ein Löwe seine Stimme in der Wüste erhebt.

Der Kirchenvater Irenäus (um 200 nach Christi Geburt) sieht einen Zusammenhang zwischen den vier Himmelsrichtungen und den vier Evangelien als den Säulen der Kirche. Und Gregor der Große (um 150 n. Chr.) deutet die vier Symbole von Christus her. Der Adler steht für die Himmelfahrt, der Stier für das priesterliche Amt Christi, der Mensch für die Menschwerdung Christi und der Löwe für seine Auferstehung. Die vier Symbole der Evangelisten erscheinen deutlicher auf dem Taufkessel als in der Darstellung an der Kanzel aus dem Jahre 1729.

Neben der legendenreichen Herkunft des Taufbeckens hat das Schriftband am oberen Rand vielen Menschen Kopfzerbrechen bereitet und ihre Phantasie angeregt. Manche meinten, die ziemlich unleserliche Schrift bezeichne den Herkunftsort der Taufe, also Pellworm. Andere meinten, einen alten friesischen Spruch entziffern zu können: *„Disse hirren Döpe, de have wi thön ewigen Ohnthönken mage lete, da schöllen össe Berrne in kressent warde“*, deutet Viethen in seiner Chronik von 1733 die Schrift (Diese Taufe hier, die haben wir zum ewigen Andenken machen lassen, da sollen unsere Kinder hineingetaucht werden). Ein anderer Chronist aber bemerkt trocken, dass für diese Deutung zu viele Buchstaben gebraucht würden, die auf der Taufe fehlten. Und für die erste Deutung gebe es auf der Taufe zu viele Buchstaben, das Wort Pellworm sei in keiner Sprache der Erde so lang wie der Spruch am Taufbeckenrand. Der erste schleswig-holsteinische Provinzialkonservator Richard Haupt, er hatte Theologie, Lateinisch und Altgriechisch studiert, stellt in seiner Bestandsaufnahme der „Bau- und Kunstdenkmäler des Landes Schleswig-Holstein" (1887-1890) fest, dass viele Buchstaben des Schriftbandes spiegelverkehrt wiedergegeben sind. Die Inschrift, von unsicherer Hand in die Form gekratzt, erkannte er als lateinische Buchstaben: *„QUI BAPTIZATUR HOC SACRO FONTE LAVATUR MUNDUS LAB(E) ET CATHOLICUS REPUTATUR"*. Zu Deutsch: Wer mit diesem heiligen Quell getauft wird, wird gewaschen, die Welt (versinkt), und als katholisch anerkannt. Haupt vermutet, das Wort LAB sei entstellt und zu LABATUR zu ergänzen. Labare heißt versinken. Möglich ist aber auch folgende Konjektur LABE. *Labe* heißt rein (von Sünde oder Schmutz). Dann hieße der Spruch folgendermaßen: Wer mit diesem heiligen Quell getauft wird, wird vom Weltlichen reingewaschen (oder: die Welt wird rein gewaschen) und als „katholisch" anerkannt. Catholicus bezeichnet im 13. Jahrhundert natürlich keine Konfessionszugehörigkeit, wird im ursprünglichen Sinn, also „allgemein" verwendet. Wer getauft ist, gehört zur „allgemeinen" weltweiten Gemeinschaft der Heiligen, der Christen, wie es im dritten Artikel des Apostolischen Glaubensbekenntnisses heißt.

Mit den technischen Möglichkeiten der heutigen Zeit könnte wohl überprüft werden, wann und aus welchen Materialien das Taufbecken geschaffen wurde. Zu den vielen Legenden um das Taufbecken und seine Herkunft gibt es auch diese: das Taufbecken könnte aus der sogenannten Visby-Spende stammen. Visby, auf der schwedischen Ostseeinsel Gotland gelegen, wickelte als bedeutender Handelsplatz im 13. Jahrhundert den Handel zwischen byzantinischem und fränkischem Reich über die

Ostsee ab, nachdem die traditionellen Handelswege durch die arabische Expansion in Südeuropa nicht mehr nutzbar waren. 1280 kam es zum Städtebund zwischen Visby und Lübeck zum Schutz der deutschen Vitalienbrüder, die später die Seeherrschaft über Nord- und Ostsee erlangten. Die Vitalienbrüder, die sich selbst plattdeutsch *Likedeeler* („Gleichteiler", gemeint ist: sie teilten ihre Beute zu gleichen Teilen unter sich auf) nannten, spendeten an Kirchen im Norden zehn Taufbecken, die in Nordböhmen von geflohenen byzantinischen Handwerkern gefertigt wurden. Vielleicht hat das Becken in diesem Zusammenhang seinen Ursprung, gelangte nach Pellworm, aus dessen alter Kirche Widderich es dann raubte und nach Büsum brachte.

Gotischer Sakramentsschrein

Der gotische Sakramentsschrein (172 cm hoch, 71 cm breit, 52 cm tief) aus Eichenholz, datiert um 1475. Im Herbst 2005 wurde er zuletzt restauriert. Auf Grund aller Befunde und der freigelegten Bemalung wurde er *„zur Verwahrung einer Monstranz verwendet"* (Botho Mannowitz) *„Die originale Substanz und freigelegte Fassung sind unverfälscht sichtbar restauriert"* worden.

In der nachfolgenden Beschreibung lassen wir weitgehend den Restaurator zu Wort kommen. Der Korpus ist ein schlichter Kasten, hat oben eine hohe Segment- Bogen-Tür und darunter ein kleines Fach mit einer geraden Tür im Sockelbereich. Der untere Boden ist nicht mehr erhalten und wurde 1863 durch ein Podest ersetzt. In die linke Seitenwand sind mehrere Schiffe (vermutlich 16. Jahrhundert) eingeritzt und ein rechteckiges Loch eingeschnitten. Im Bereich der Türen ist der Schrein rundum bis hinten zur Mitte der Rückwand mit zwölf Eisenbändern beschlagen: fünf Bänder an der oberen Tür und drei der unteren sind zugleich auch die Türscharniere. Der Schrein und die Außenbänder sind außen rot gestri-

Gotischer Sakramentsschrein. Rechts der geschlossene Schrank und der Osterleuchter

chen. Eine Monstranz ist in voller Höhe auf der Außenseite der oberen Tür gemalt, geht über die Beschlageisen hinweg und erscheint mit hellgelbem Grundton, dunklen Konturen und aufgesetzten Lichtern wie das frontale Abbild einer Goldschmiedearbeit. Die Darstellung gleicht einer großen, filigranen Laterne aus gotischen Maßwerken mit Pfeilern, Fialen (schlanke spitze Türmchen) und zwei seitlich angesetzten Erkern, die auf einem Pokal ähnlichen Schaft mit doppeltem Knauf und breitem Fuß steht, darüber ein mit Krabben besetzter Turm, der mit einer Triumphkreuzgruppe endet. Die Krabben der Fialen sind untypisch wie Kugeln oder Perlen dargestellt. Im Zentrum steht ein scheinbar runder Zylinder, der oben und unten mit einem Kranz aus Kronenblumen eingefasst ist. Darüber liegt ein Gesims in perspektivisch verkürzter Ansicht.

An der linken Seite steht, an einem Pfeiler des Erkers wie eine Fassadenplastik in der Seitenansicht, eine acht Zentimeter große Figur mit einem Kelch, vielleicht der Evangelist Johannes. An der rechten Seite ist die Bemalung breiter angelegt, aber sehr stark beschädigt. Zu erkennen ist nur der Querbalken eines Kreuzes und die obere Hälfte eines Kopfes, der mit einem Tuch bedeckt ist, vielleicht Maria. Anlage und Umfang der Bemalung deuten auf die Fragmente einer Pieta vor dem leeren Kreuz.

Die zentrale Darstellung im Reliquiar ist nicht erhalten, wurde vermutlich absichtlich zerstört oder ging durch Verschleiß verloren, bevor die gotische Fassung mit der ersten dunkelbraunen Farbe (1728?) überstrichen wurde. Die Fassungsreste deuten auf eine figürliche Darstellung hin, vielleicht ein Bischof oder Sankt Clemens. Oben könnten Reste einer Bischofsmütze und unten ein Teil vom Gewand einer stehenden Figur erhalten sein.

Auf die vorderen Ecken am Schrein sind im Bereich der großen Tür vorn und seitlich freistehende, leicht marmorierte grüne Säulen gemalt, dazu hohe Kapitelle mit Distelblatt-Knospen und Säulenbasen in den Farben der Monstranz, rechts außen fehlt eine Säule. Die Fassung der unteren Sockelzone und Tür ist stark beschädigt; zu erkennen sind Spuren von Arkaden-Bögen und eine trennende Sockellinie. *(nach Mannowitz)*

Im Schrein blieb die gotische Fassung bisher unverändert. Die große Tür ist innen mit Sternen aus leicht oxydiertem Blattsilber auf rotem Grundton erhalten.

Vor diesem Schrank wurden wahrscheinlich Männer, die wichtige Ämter des Kirchspiels bekleideten, vom Priester vereidigt. Neocorus berichtet von *„tween schonen mit Isern beschlagenen Schappen“* (zwei schönen mit Eisen beschlagenen Schränken). Und: *„ein schone rode Schappe mit Isern dichte beschlagen“* (ein schöner roter Schrank mit Eisenbändern beschlagen). Der wohl schönere Schrank mit Kreuz- Band-Beschlag wurde 1873 dem Meldorfer Museum überlassen.

Triumphkreuz

Durch die Bemühungen von Pastor Andreas Brues konnte die Kirche weiter ausgeschmückt werden. Die Triumphkreuzgruppe von 1495 wurde zu seiner Zeit angefertigt und in der Kirche angebracht. Das große Kreuz mit dem Corpus des leidenden Jesus soll von einem blinden Künstler aus Eichenholz geschnitzt worden sein. Zuletzt restauriert 1997. Der Corpus ist überdehnt, um die Tiefe des Schmerzes auszudrücken, im Stil noch spätgotisch. Christus hat auffällig dünne Arme, kleine Hände und Füße. Die Tafelinschrift darunter zeigt in altertümlicher plattdeutscher Sprache diesen Text: *„In den jarn unsesn hern vif unde negentich do wort dit cruce geset. Do wern sluter Kersten Brues unde Dirkes Remer. 1582 is deit wedder renovert. Christus is unser ewiger heilant“* (Im Jahr unseres Herrn fünfundneunzig, da wurde dies Kreuz gesetzt. Da waren Schließer Kersten Brues und Dirk Remer. 1582 ist es wieder renoviert worden. Christus ist aber unser ewiger Heiland). Ein Schließer hatte früher eine wichtige Funktion in der Leitung der Gemeinde. Sie verwalteten die Kasse für gemeinschaftliche Aufgaben, die sich in der Kirche befand.

Die Übersetzung des zweiten Teils der gotischen Schrift hält Mannowitz für fragwürdig. *„Könnte es nicht auch heißen: ‚do wern allter kerstell vruns un de dockes renier (= da wurden Altar Kirchstühl Frauens und das Dach erneuert‘) statt ‚do wern cluter kersten bruns un de dirkes emer‘.“*

Der Kunsthistoriker und preußische Landeskonservator urteilte hart über das Kreuz. Es sei ein Zeichen für den Kunstverfall. Er datiert die Entstehung des Kreuzes in die späte Renaissance. Das Datum auf der Tafel hält er für eine nachträgliche Vordatierung. Sein Urteil kann aber auch Ausdruck akademischer Arroganz eines in die Provinz versetzten Kunstgelehrten gegenüber volkstümlicher Kunst sein.

Der Schmerzensmann. Triumphkreuz von 1495

Holzskulpturen

Die beiden Holzskulpturen Maria und Johannes mit dem Buchsack (heute in den Fensternischen vor dem Chorbogen) stammen nach Haupt aus der Zeit um 1495. Sie gehören mit dem Triumphkreuz zur Triumphkreuzgruppe. An der Südwand finden wir die älteste Skulptur, eine Marienkrönung aus der Zeit um 1440. Es ist eine aus Eiche gearbeitete Reliefgruppe mit zwei Sitzfiguren aus spätgotischer Schule. Dithmarschen galt in vorreformatorischer Zeit als „Marienland". Die Marienverehrung war weit verbreitet. Dithmarschen hatte im Landessiegel Maria, die Mutter Jesu, und den heiligen Oswald, den sie verehrten, weil sie sich an seinem Tag 1404 endgültig von adliger Herrschaft im Kampf entledigt und ihre Autonomie als „Land Dithmarschen", die Republik freier Bauern und Händler, dann bis 1559 gesichert hatten und danach bis Mitte des 19. Jahrhunderts viele ihrer Privilegien unter wechselnden Herrschaften bewahren konnten. Das endete erst mit der Eingliederung als Provinz in den Staat Preußen. Grundlage dafür war das Besitzergreifungspatent König Wilhelms I. vom 12. Januar 1867, das er nach Verabschiedung des Annexionsgesetzes durch das Preußische Abgeordnetenhaus in Berlin unterschrieben hatte. Die rituelle Einverleibung in den preußischen Staat erfolgte erst am 24. Januar 1868 durch den Oberpräsidenten Baron Carl von Scheel-Plessen im Kieler Schloss. Seit diesem Tag mussten sich die Dithmarscher endgültig geschlagen gegeben. Nominell und organsisatorisch-politisch waren sie nun Preußen, aber ihre langjährige Sonderstellung, der ständige erfolgreiche Kampf ums Überleben gegen Naturgewalt und menschliche Besitzansprüche prägt die alteingesessenen Menschen dieses Landes bis heute. Es gibt kaum eine Region in Deutschland, die über 1000 Jahre durch ihre geografische Lage und innere Rechts- und Verwaltungsstrukturen ein so geschlossenes Gemeinwesen geblieben war.

Von links: Heilige Margarethe, Johannes mit dem Buchsack (gehört wie auch die Marienskulptur an der Nordwand zum Triumphkreuz) und Marienkrönung

In der Nähe der Kanzel befindet sich, ebenfalls an der Südwand, eine Darstellung der Heiligen Margarethe aus dem Jahr 1520. Die Standfigur hat zu Füßen den Teufel (oder Drachenwurm), dem sie mit einer Lanze die Kehle durchbohrt. Margarethe stammte aus Antiochia in Pisidien/Kleinasien. Zur Zeit des Kaisers Diocletian wurde sie Christin. Ihr Vater verstieß seine Tochter nach ihrem Übertritt zum christlichen Glauben. Der römische Präfekt der Stadt, der sich unsterblich in sie verliebte, warf sie schließlich, auch weil sie seine Liebe nicht erwiderte, ins Gefängnis. Aber sie ließ sich von ihm nicht zur Aufgabe ihres Glaubens verleiten. Als römischer Beamter hätte er sie nur heiraten können, wenn sie ihren Glauben verleugnet und den römischen Kaiserkult ausgeübt hätte. 307 n. Chr. wurde sie enthauptet. Ihr Gedenktag ist der 20. Juli. Die Skulptur an der Südwand der Büsumer Kirche stellt die gegenüber allen Versuchungen standhaft gebliebene Margarethe dar, wie sie den Versucher mit einer Lanze ersticht. Eine schöne, noch spätgotische Arbeit, 94 Zentimeter hoch. Die Konsole, auf der sie steht, ist ursprünglich.

Zahlreiche Besucher halten diese Darstellung für die Heilige Katharina. Schon Provinzialkonservator Richard Haupt unterlag diesem Irrtum. Ein bayerischer Merkvers hilft vielleicht: *„Die Barbara mit dem Turm / die Margarita mit dem Wurm, / die Katharina mit dem Radel, / dös san die drei heiligen Madel.“* Die drei genannten Frauen gehören zu den vierzehn Nothelfern unter den Heiligen der katholischen Kirche, die als besondere Helfer in allen Nöten angerufen werden.

Wenn auch zur Zeit der Einführung der Reformation Gold- und Silbergerät verkauft wurde und der Erlös der Armengilde zugutekam, so zeigt das Vorhandensein der alten Holzfiguren aus vorreformatorischer Zeit den in Büsum friedlichen Übergang zum evangelischen Glauben. Jedenfalls hat ein Bildersturm (Ikonoklasmus) wie in den reformierten Kirchen Süddeutschlands und der Schweiz nicht stattgefunden. Lange Zeit blieben Messgewänder und alte Bräuche in Büsum üblich. Ein Zeichen für das friedliche Nacheinander ohne Blutvergießen ist wohl auch, dass der letzte katholische Priester und einer der ersten evangelischen Pastoren nebeneinander vor dem Altar begraben wurden. Ihre Grabplatten sind im Altarraum an der Nordwand eingemauert. Viele Menschen sind zuvor darüber gegangen, so dass die Inschriften sehr unleserlich geworden sind.

Grabmale

Rechts neben dem Altar an der Wand der Grabstein für Andreas Brues, den großen Pastor des Kirchspiels. Die Inschrift lautet: Anno Domini 1532 obiit venerabilis Vir Andrea Brues, quondam Vice-Inspector & verus Vicarius hujus ecclesiae (Im Jahre des Herrn 1532 starb der verehrungswürdige Mann Andreas Brues, einst Vize-Inspektor und wahrer Vikar dieser Kirche). Der Stein enthält die Wappen seiner Familie, des Wittigmanngeschlechts (Löwe mit erhobener Tatze). Brues war, wie viele Pastoren dieser Kirche, ein geborener Büsumer und bekannt im ganzen Land. Er war angesehen wegen seiner Bildung und Tatkraft und verfügte über gute Beziehungen zu Rom.

Das bestätigt die bereits oben erwähnte Bulle von Papst Alexander VI. Nach einer längeren Vorrede, mit der sich die Kardinäle der Kardinalskongregation namentlich vorstellen, heißt es:

„*Quanto frequentius fidelium mentes & opera charitatis induimus, tanto salubrius, animarum suarum saluti consulimus. Cupientes & Parochialis Ecclesiae Buesen terrae Dithmericae Bremensis Dioecesis ad quod sicut accipimus, dilectus nobis in Christo Venerabilis Vir Dominus Andreas Bruss ipsius Ecclesiae Vicarius singularem gerit devotionem, congruis frequentetur honoribus, & a Christi fidelibus jugiter veneretur ac in suis structuris & aedificiis debito reparetur, conservetur & manuteneatur nec non libris, calicibus, humanioribus ornamentis Ecclesiasticis & rebus aliis pro Divino cultu inibi necessariis decenter muniatur, utque Christi fideles eo libentius devotionis causa confluant ad eandem & ad reparandam conservationem, manutentionem & munitionem homines manus promptius porrigant adjutrices, quo ex hoc ibidem domo coelestis gratiae uberius conspexerint se refectos.*

Nos igitur Cardinales praefati ut qvilibet nostrum supplicationibus ejusdem Andreae nobis super hoc humiliter porrectis inclinati de omnipoten-

tis Dei memoria beatorum Petri & Pauli Apostolorum ejus ecclesiae consili omnibus & singulis Christi fidelibus utriusque sexus vere poenitentibus & confessis, qui dictam Ecclesiam, sancti Clementis & propriae & ascensionis Domini & Dominicae Lätare nec non feriae sancta Coena Domini ipsiusque Ecclesiae Dedicationis festivitatibus in diebus ac primis Vesperis usque ad secundas Vesperas inclusive devote visataverint annuatim & ad praemissas manus porrexerint adjutrices, pro festivalibus sive diebus praedictis, quibus id fecerint, centum dies de injunctis eis poenitentiis omnibus in Domino relaxamus praesentibus perpetuis futuris duraturis temporibus, in quorum fidem literas nostras hodiernorum nostrorum sigillorum fecimus appensione communiri.

Datum Romae in Domibus nostris Anno a nativitate Domini millesimo quingentesimo, die 3 mensis Novembris, Pontificatus sanctissimi in Christo Patris & Domini nostri Alexandri anno nono."

Zu Deutsch lauten die Wort der im lateinischen Urtext abgedruckten Bulle von 1500 etwa so:

„Je häufiger wir uns die Sinne der Gläubigen und die Werke der Liebe zu eigen machen, desto heilsamer sorgen wir für das Heil ihrer Seelen. Die Bittsteller der Büsumer Kirche im Lande Dithmarschen, der Bremer Diözese zugehörig, dazu, wie wir hören, der uns in Christus teure, verehrungswürdige Herr Andreas Bruß, Vikar ebendieser Kirche, zeigen einzigartige Ergebenheit. Die Kirche soll besucht und mit übereinstimmenden Ehrungen von den Gläubigen Christi beständig verehrt und in seinen Mauerwerken und Gebäuden gebührend erneuert, erhalten und mit der Hand gepflegt werden und auch durch Bücher, Abendmahlskelche, feinere kirchliche Prachtstücke und andere Gegenstände, die für die göttliche Verehrung (den Gottesdienst) daselbst notwendig sind, schicklich ausgestattet werden, damit die Gläubigen Christi umso lieber der Andacht wegen zusammenströmen zu ebenderselben Kirche und damit, um die Erhaltung zu sichern und sie zu erneuern, die Menschen als Helfer bereit-

williger ihre Hände darreichen, damit sie eben aus diesem Geschenk himmlischer Gnade sich umso reicher erquickt sehen.

Daher erklären wir Kardinäle im Voraus, ein jeder von uns, die wir den demütigen Ergebungen ebendieses Andreas, die uns darüber hinaus in demütiger Weise dargereicht sind, dass wir geneigt sind, eingedenk des allmächtigen Gottes und der glückseligen Apostel Petrus und Paulus und im Vertrauen auf alle dieser Kirche, die einzelnen Gläubigen Christi beiderlei Geschlechts, die wahrhaft reumütig und bekennend sind, dass die, welche die genannte Kirche in den Tagen des Heiligen Clemens, an Christi Himmelfahrt, am Sonntag Lätare und an den Feiertagen mit dem Heiligen Herrenmahl, an den Festlichkeiten anlässlich der Einweihung der Kirche selbst, vom ersten Nachmittagsgottesdienst bis zum zweiten einschließlich in frommer Weise besucht und sich als Helfer dargeboten haben werden, für die Festlichkeiten oder an den vorgenannten Tagen, an denen sie dies taten, ihnen erlassen wir im Herrn hundert Tage von allen ihnen auferlegten Bußen in gegenwärtigen und zukünftigen Zeiten. Für deren Glauben haben wir unseren Brief mit der Zufügung unseres Siegels sichern lassen.

Gegeben zu Rom in unserem Hause im Jahre 1500 seit Geburt des Herrn, am Tage 3 des November, im neunten Jahr der Amtsdauer unseres heiligsten Vaters und Herrn in Christus Alexander.“

Jacob Budeus, einer der ersten evangelischen Pastoren, ist vor dem Altar begraben. Die Grabplatte wurde an der Nordwand neben dem Altar aufgestellt.

Einst besaßen die Vogtemannen in Dithmarschen das Strandrecht. Alles, was vom Meer angetrieben wurde, gehörte ihnen. Zu Brues Zeiten lebte in Büsum kein Nachkomme der Vogtemannen mehr. Geschickt sorgte Brues in Verhandlungen dafür, dass die Vogtemannen des übrigen Dithmarschen ihr Strandrecht an das Büsumer Kirchspiel verkauften. Für 100 Mark wurden die Erben ein für alle Mal abgefunden. Das Geld stellte Brues aus der Kirchenkasse zur Verfügung. Dafür erhielt nun aber die Kirche immer den zehnten Teil vom Erlös der Strandgüter. Böse Zungen behaupten, dass deshalb im alten Kirchengebet die Bitte „Gott segne unsern Strand" aufgenommen wurde. Das Recht der Kirche, am Strandgut zu partizipieren, wurde den Büsumern immer wieder bestritten, aber von den weltliche Fürsten bestätigt. Erst mit einem Erlass vom 1. Mai 1874 ist das Strandrecht der Kirche endgültig aufgehoben worden.

Schon erwähnt wurde das oft eigenwillige und gespannte Verhältnis der Büsumer – und der Dithmarscher überhaupt – zur kirchlichen Obrigkeit in Bremen oder Hamburg. So gab es auch hier ständig Auseinandersetzungen über die Anteile der Kirche an den Funden der Fischer am Strand.

Links neben dem Altar an der Nordwand steht ein Grabstein, der nicht mehr einen Mann im Mönchsgewand zeigt, sondern einen eher "lutherisch" gekleideten Geistlichen. Es ist Jacob Budeus, einer der ersten evangelischen Pastoren Büsums. Über dem Kelch hält er die Bibel in der Hand, so das neue Prinzip der Reformation, das *„sola scriptura"* (allein die Schrift), darstellend. Budeus war Nachfolger des Pastors Willemann, auf den wir noch zu sprechen kommen. „Nachfolger sowohl im Amte, als auch im Leiden", bemerkt der Chronist Fehse trocken. Denn er hatte es gewagt, die Heirat mit der Tochter des mächtigen Kirchspielvogtes Grote Johann Dirksen, Telsche, auszuschlagen. Dadurch zog er viel Ärger und Nachstellungen auf sich. Durch einen geschickten Schachzug konnte er dann doch seine Stellung festigen. Er heiratete eine Verwandte des Landvogtes Michael Boje. Da der Landvogt ein noch einflussreicherer Mann als Dirksen war, konnte Budeus seine Stellung durch verwandtschaftlichen Rückhalt behaupten. Die Inschrift auf seinem Grabstein war schon 1769 schwer zu entziffern: *„1585, d. – is M. Jacobus Budeus salig in dem Herrn entschlapen, dem Gott genadig sy."* Die Wappen der Osterkluft sind auf dem Stein zu erkennen. Die Angehörigen dieses Geschlechts haben lange in „Dykhusen", dem heutigen Büsumer Deichhausen, gewohnt.

Die Pastoren in Büsum hatten es oft schwer, ihr Amt auszuüben und ihre Stellung zu festigen. Die Zusammenschlüsse der Geschlechter und Familienverbände übten die Macht aus. Am günstigsten war es darum, wenn Einheimische selbst zu Büsumer Pastoren avancierten und über eine Hausmacht verfügten. So geht die Sage, dass die Isemannen, ein inzwischen ausgestorbenes Geschlecht, dem Namen nach „eisenhart", einen Pastor vor den Stufen des Altars erschlugen, weil dieser nicht ihr Erscheinen abgewartet, sondern pünktlich mit dem Gottesdienst begonnen hatte.

Kirchengestühl und Logen

Kirchenstühle waren ein Statussymbole. Der Kirchenstuhl eines ehemaligen Kirchspielsvogtes ist noch erhalten. Er steht als letzter an der Kanzelseite der Kirche am hinteren südlichen Ausgang. Auf dieser Gestühlswange erhebt sich ein alter Huthalter aus Schmiedeeisen. Ganz oben auf der Spitze musste der Kirchspielsvogt seine Mütze ablegen, dann erst durfte der Pastor mit dem Gottesdienst beginnen. Wenn die Spielregeln nicht eingehalten wurden, gab es Ärger, der allerdings nicht immer so blutige Konsequenzen nach sich zog wie zur Zeit der Isemannen. Die alte Gestühlswange mit dem Huthalter gehört zu den noch gut erhaltenen

Grundris

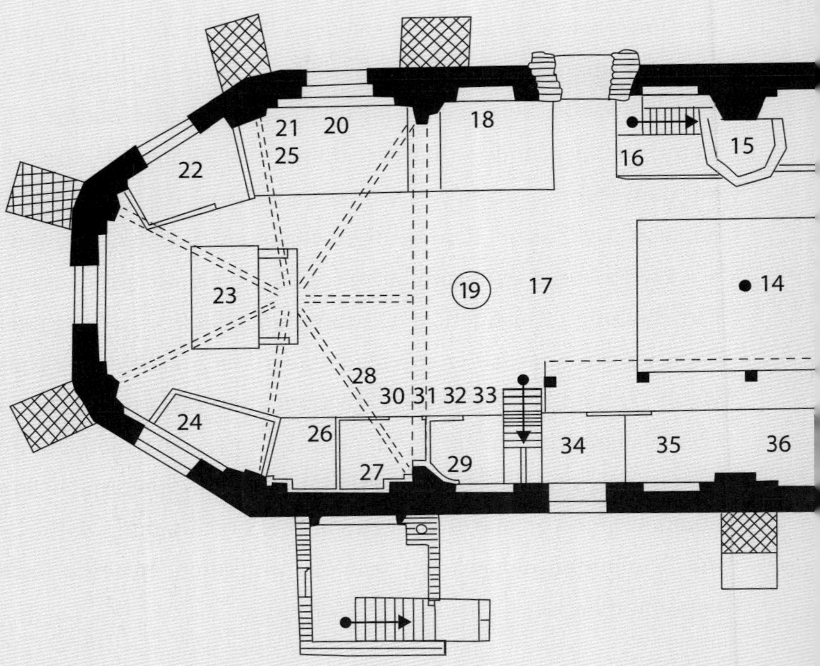

- **1** *Huthalter unter der Nord- und Orgelempore*
- **2** *Gestühl von 1651*
- **3** *Epitaph Kruse, 1621*
- **4** *Kleiner achtarmiger Kronleuchter, 1641*
- **5** *Huthalter an der Gestühlswange des Kirchenstuhles des Kirchspielvogtes Kruse, 1592*
- **6** *Gestühlswange mit Rosette*
- **7** *Gestühlswange mit Doppeladler und Inschrift, 1573*
- **8** *Marienkrönung, um 1440*
- **9** *Gestühlswange von 1583*
- **10** *Gestühlswange des Claus Kruse, 1616*
- **11** *Gestühlswange mit Rosette*
- **12** *Votivschiff „Der milde Herbst"*
- **13** *Heilige Margarethe, 1520*
- **14** *Triumphkreuz mit Corpus, 1495*
- **15** *Kanzel, 1729, ergänzt 1912*
- **16** *Gestühlswange der Osterwurdingschlacht, 1672*
- **17** *Großer achtarmiger Kronleuchter, 1658*
- **18** *Johannes, aus der Triumphkreuzgruppe, um 1495*
- **19** *Taufbecken, 13. Jh.*
- **20** *Kirchenfenster „Barmherziger Samariter", 1939*

der Kirche

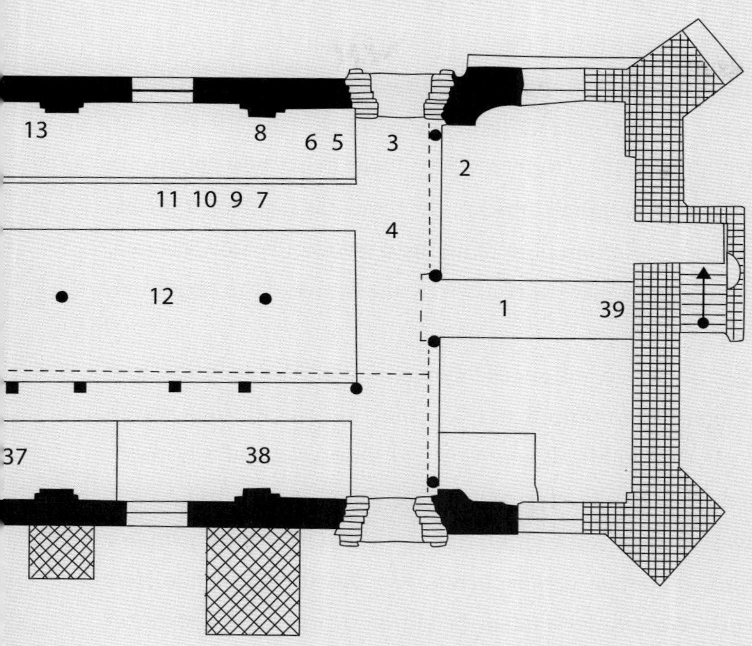

21 *Heiligen- und Sakramentsschrank, 15. Jh.*

22 *Kirchenfenster „Christus und das Meer", Stiftung des Fischereivereins, 1911*

23 *Altar, 1712*

24 *Kirchenfenster „Der Sämann", 1908*

25 *Grabplatte des Andreas Brues, 1532*

26 *„Jüngstes Gericht" von G. Northwic, Öl auf Leinwand, 1744*

27 *Grabplatte des Jacobus Budeus, 1585*

28 *Taufleuchter von 1980*

29 *Maria, aus der Triumphkreuzgruppe, um 1495*

30 *Gestühlswange des Reimer Kueck, 1696*

31 *Gestühlswange mit doppelköpfigem Adler*

32 *Gestühlswange der Familie Grodt, 1639*

33 *Gestühlswange mit Lutherbild, 1564*

34 *Sogenannter Predigerstuhl*

35 *Loge, 19. Jh.*

36 *Christus mit der Dornenkrone, von Josef Enders, 20. Jh.*

37 *Empireloge, 1801*

38 *Barockloge, 18. Jh.*

39 *Schrank, 1810 (hinter der Orgel/Empore)*

Kirchenstühlen der früheren Geschlechter. Oben im Halbkreisfeld ein geflügelter Engelskopf, durch Eckblätter zum Rechteck ergänzt, darunter die Jahreszahl 1592. Weiter unten ein stehender Engel, der das Wappen der Diekbolingmannen vor sich hält: einen halben Adler, einen halben Schlüssel. Darunter die Hausmarke und die Inschrift: PETER KRU / SE KARS / PELVAGET / VP BVESEN / DER / ANDER. Peter Kruse war der zweite Kirchspielsvogt nach Grote Johan Dirksen. Er hatte das Amt von 1587 bis 1598 inne und machte vor allem dem damaligen zweiten Pastor Büsums, dem berühmten Neocorus, viel zu schaffen. Kruse wurde dann abgesetzt, doch davon später.

Die alteingesessenen Familiengeschlechter (auch: Schlachten) und einzelnen Abzweigungen innerhalb der Geschlechter, die Kluften, waren die tragenden Kräfte in Politik, Wirtschaft und Kultur. Fast alle Einwohner gehörten den alten Familienverbänden an. Die Geschlechter hatten eine so große Bedeutung, weil sie den entscheidenden Ordnungsfaktor im gesellschaftlichen Gefüge verkörperten. Was heute das soziale Netz unseres modernen Wohlfahrtsstaates, Leistungen privater Versicherer und Berufslaufbahnen ausmacht, wurde damals von den Familiensippen geleistet. Gegenseitige Hilfe in Notfällen, das Durchsetzen des Rechts eines Sippenangehörigen, die Versorgung im Alter, Landgewinn und der Bau von Deichen und was sonst zum Leben notwendig war – das alles wurde im Geschlechterverband organisiert. So haben die Schlachten und Kluften auch den Bau der Kirche initiiert. Der alte Friedhof in der Bahnhofstraße wurde noch 1842 nach verschiedenen Kluften, die damals existierten, eingeteilt. Nur wenige Sitzplätze in der Kirche oder Liegeflächen auf dem Friedhof waren für solche Bewohner vorgesehen, die den Geschlechtern nicht angehörten. Noch um die Jahrhundertwende 1899/1900 hat die Kirchengemeinde ein Buch geführt, das die Einteilung der Kirchensitze beurkundete.

Dem Erwerb eines Kirchenstuhls und seiner repräsentativen Ausstattung maßen seine Besitzer große Bedeutung zu. Ein wertvoller, aus Eichenholz geschnitzter Kirchenstuhl mit Wappen, Inschriften und Namen stellte ein erhebliches Statussymbol dar. Er spiegelte die Bedeutung der Familie oder der führenden Person in ihr sichtbar vor aller Öffentlichkeit wider. Und der Gottesdienst war ein wichtiges Forum der Öffentlichkeit, hatte teilweise Funktionen, die heute die Medien wahrnehmen.

An den nächsten Stuhlwangen ist zu beobachten, dass früher Frömmigkeit und Ehrfurcht vor dem Schöpfer die Menschen bestimmte. So tragen die alten Stuhlwangen eine großartige Darstellung aus der Passionsgeschichte, die Kreuzigungsszene, und andere Motive aus der religiösen Geschichte. Die Auftraggeber und Inhaber dieser Kirchenstühle lassen ihren Namen ganz weg oder deuten ihn nur bescheiden durch das Familienwappen an. Erst die späteren geschnitzten Kirchenstühle zeigen, wie ihre Besitzer sich durch Auffälligkeit und Prunk selbst einen Namen machen wollten.

Die älteste und wohl kostbarste Stuhlwange ist wohl die mit Martin-Luther-Bild. Es ist das älteste schleswig-holsteinische Luther-Relief überhaupt. Um das Porträt Martin Luthers kreisförmig die Inschrift: DOCTOR MARTINVS LUTHERVS: Diese Stuhlwange aus dem Jahre 1564 wurde 32 Jahre nach der Einführung der Reformation in der Büsumer Kirche durch eine Kluft der Diekbolingmannen aufgestellt. Die Diekbolingmannen nahmen immer eine führende Rolle im Leben des Kirchspiels ein und hatten wichtige Positionen inne. Das Wappen, halber Adler und halber Schlüssel, sowie zwei Hausmarken sind neben der Jahreszahl eingearbeitet. Den größten Raum nimmt das Kruzifix ein, manieristisch, der Corpus mit aufbauschendem, wehendem Lendentuch, schräg hängend, die Füße – ganz im Stil der Renaissance – übereinander. An diesem Kirchenstuhl wird deutlich, wie jeder Gegenstand, so funktionsgerecht er auch sein mochte, ganz auf Sammlung und Verinnerlichung ausgerichtet war.

Eine weitere Gestühlswange auf der gleichen Seite der Kirche zeigt ein Wappen mit einem Löwen des Wittigmanngeschlechts. Unter dem Wappen die Inschrift: ANNO 1639 / REIMER GRODT / HANS GRODT / PAWL GRODTE. Etwa ein Jahrhundert nach der zuvor genannten Stuhlwange steht hier schon im Vordergrund der Name der Besitzer.

Ebenso ist bei der nächsten Stuhlwange, die auch das Wappen des Besitzers, eines Mannes aus dem Diekbolingmannengeschlechts, zeigt, der Stolz erkennbar: DE EHRSTE / REIMER KVECK / SEN FRISTEDE / 1696.

Gestühlswangen alter Familien. Von links: Mit Wappen der Wittingmannen,1583; mit Lutherporträt und Kreuzigungsszene, 1564;Gestühlswange des Kirchspielvogts mit Huthalter.

Die vierte alte Stuhlwange auf der Nordseite zeigt ein eigentümliches Wappen: Ein menschliches Antlitz mit Löwenmähne und breiten Flügeln. Weitere Kennzeichen sind nicht vorhanden. Am Kanzelaufgang ist der Rest des alten Stuhls der Osterwurdingschlacht erhalten. Oben eine Rosette, darunter das Wappen mit Halbmond und zwei Sternen. Darunter die Inschrift: JOHAN WVLF / JOHAN JAREN / ANNO 1672.

Die nächste gut erhaltene Stuhlwange zeigt oben im Kreis einen Doppeladler, darunter ein Schild mit schreitendem Löwen, der von drei Hausmarken umgeben ist. Ein Stuhl der Wittingmannen. Die Inschrift lautet hier: CAVES TIDEM. / JOCHOP BVS / CLAVES POP / ANNO 1583.

Die nächste Stuhlwange zeigt statt der Namen eine interessante Reimschrift: EWICH IS / SO LANCK D / E TITH HEFT / EINEN KOS /TEN GANCK / WOL DAS VP / DACHTE VEL / E GUDES HEB / ET SACHTE / V. D. M. 1573 I. AE. T. In freier Übertragung: Ewig ist so lang, die Zeit hat einen kurzen Gang. Darauf wohl bedacht, viel Gutes hat der sacht'. Noch freier könnte man Psalm 90 Vers 12 anführen: Herr, lehre uns bedenken, dass wir sterben müssen, auf dass wir klug werden. Abgesehen von diesem Spruch ist dieser Kirchenstuhl dem vorhergehenden sehr ähnlich. Hier ist allerdings der Doppeladler anders stilisiert, die Hälse der Adler sind gereckt und flacher geschnitzt. Das Wappen deutet auf die Westerwürdingschlacht. Unter der Inschrift ein weiteres Wappen, ein Eichenblock mit drei Eicheln an unbelaubten Zweigen, das Wappen des Mengersamgeschlechts.

Die Stühle wechselten zuweilen ihre Besitzer, ohne dass deswegen größere Veränderungen am Stuhl für nötig erachtet wurden. Von den drei noch zur Erinnerung an frühere Zeiten erhaltenen Logen unter der Nordempore steht der sogenannte Predigerstuhl, den ein aus Büsum stammender Schiffbaumeister zu Neustadt an der Ostsee 1671 gestiftet haben soll. Inzwischen ist sicher, dass dieser Stuhl nichts mit dem Schiffbaumeister zu haben kann.

Einer 1672 in Ratzeburg gedruckten Leichenpredigt für den *„weiland Ehrenvesten / Goßachtbahren und Wohlfürnehmen Herrn Claus Reinmersen / Der Königlichen Schiffbauung zur Neustadt gewesenen Directoris, Welcher im Jahr Christi 1671 den 13. May daselbst in Christo selig eingeschlafen / und folgends den 21 dieses Monats mit gebührenden Christlichen Ceremonien beerdigt worden ... von Michaele Langemaken / Pastore daselbst"* zufolge hat der in Büsum geborene Schiffbaumeister Claus Reimers eine Kanzel gestiftet, die bis zur Stiftung der jetzigen Kanzel „Predigtstuhl" der Büsumer Kirche gewesen sein muss.

Claus Reimers ist im *„im Jahr Christi 1621 ümb Ostern von frommen Christlichen Eltern aus einem reinen Ehebette zu Buesen in Dithmarschen gebohren und auff die Welt kommen. Sein Vater ist gewesen der weiland Ehr- und Achtbarer un Wolfürnehmer Herr Claus Reimers / 16-jähriger Landes und Kirchspiels Gevollmächtigter und Aestmator zu Buesen in Dittmarschen. Seine Mutter die weiland Ehrbare und Tugendsame Frau Telsche Reimers / des weiland Ehrbaren und Wolgeachten Johannn Müllers eheleibliche Tochter. Weil aber seine Eltern wol gewust / daß nicht genug wäre fleischhlich geboren zu seyn / wenn nicht die geistliche Wiedergeburt ihn alsobald Christo dem Herrn durch das Sacrament der H. Tauffe zuführen und seiner Kirche einverleiben lassen / daß er also aus Wasser und Geiste von neuem gebohren / und durch die neue Geburt zu einem Kind GOttes und Erben der Seligkeit möchte erkohren werden"*, haben sie ihn taufen lassen und christlich erzogen.

Seine herausgehobene Stellung in Neustadt hat Claus Reimers erst über Umwege erreicht. Denn: *„Und weil man ein gutes ingenium an ihm verspüret, ist Sein S. Vater anfangs Vorhabenns gewesen / ihn zum studieren zu halten / nachdem aber im Jahr 1634 die grosse Wasserfluth im Nordstrande eingebrochen / wodurch ihm auch ein mercklicher Schade an seiner Haab und Nahrung zugewachsen / hat er seine Meynung geändert." Als Direktor der königlich-dänischen Schiffsbauwerft in Neustadt verfügte Reimers über* *ein stattliches Einkommen. „Und weil Gott der HErr das Werck seiner Hände gesegnet / und ihm ein Stück Brodts bescheret / hat er die Brünnlein seiner Mildigkeit auch gegen andere außfliessen lassen. ... die Kirche zu Busem / da er gebohren / (hat er) auch mit eine neuen schönen Predigtstul / der allhie verfertiget und ehesten dahin soll gebracht werden / zu seinem ewigen Gedächtniß verehret.“* Doch dieser gestiftete Predigtstuhl diente nur von 1671 bis 1729 als Kanzel. Über seinen Verbleib ist nichts bekannt.

Die drei Logen unter der Empore an der Nordwand stammen aus dem 19. Jahrhundert. Als 1958 das Kircheninnere umfassend renoviert wurde, entfernte man bis auf diese drei alle vorhandenen Logen. Sie wurden zuletzt 1990 restauriert. Es sind Kopien adliger Logen. Wahrscheinlich war mit zeitlicher Verzögerung auch Mode, es dem Adel, den es in Dithmarschen nie gab, gleichzutun und seinen gesellschaftlichen Rang zur Schau zu stellen. Sehr schön ist die Empireloge von 1801. Besonders interessant ist die barocke Loge. Sie hat noch Fenster, die man früher an einem Lederband hochziehen konnte. Zu welchem Zweck benötigte man denn Fenster im Kirchenschiff? Sollten die Gottesdienstbesucher nicht eigentlich Gemeinschaft mit allen Teilnehmern pflegen, gemeinsam beten, loben, danken, singen und – hören? Bei geschlossenen Fenstern und womöglich verhängten Gardinen war das schwer möglich. Vielleicht frönte man dem Kirchenschlaf, saß ungestört in seiner verschlossenen Loge.

Mündlicher Überlieferung zufolge soll der oberste weltliche und kirchliche Herr auch über Büsum, Christian VIII., König der Dänen, Herzog von Schleswig-Holstein, 1846 dieses Edikt erlassen haben: „Nachdem wir erfahren haben, dass in den Kirchen das Schlafen allzu sehr überhandnimmt, verordnen wir allergnädigst, dass in jeder Gemeinde einige Männer bestimmt werden, die in der Kirche mit einer langen Klatsche den schlafenden Leuten auf die Köpfe schlagen, um hierdurch die gebotene andächtige Aufmerksamkeit zu erwirken.“

Wollten vielleicht die durch einen komfortablen Kirchenstuhl privilegierten Gottesdienstbesucher sich trotz des ausdrücklichen Befehls des Königs nicht im Kirchenschlaf stören lassen, während das „gemeinde Volk“ im Mittelteil des Kirchenschiffs sich diesen Luxus nicht leisten konnte? Der König hatte jedenfalls ein starkes Interesse an der Aufmerksamkeit der Gemeinde. Jeden Sonntag musste jede Familie des Ortes mindestens ein Mitglied in die Kirche entsenden. Weniger aus religiösem Bewusstsein, als vielmehr aus diesem Grund: Die Abkündigungen, also amtlichen Bekanntmachungen, nach der Predigt waren ein Instrument des Herrschers, das dafür sorgte, dass neue Bestimmungen, Gesetze, Pflichten, Abgaben im Volk bekannt und beachtet wurden. Wie sollte er sich in seinem Staat durchsetzen können, wenn die Untertanen dies alles regelrecht verschlafen würden?

Allerdings meinen Kirchenhistoriker, die raue Weckprozedur gehe nicht auf den dänischen Christian VIII. zurück. Das oben angeführte Edikt stammt vermutlich bereits aus dem Jahr 1646 und ist wohl von Christian IV. unterzeichnet worden. Zwei Jahrhunderte später, also Mitte des 19. Jahrhunderts, ist das alte Edikt als Reskript im „Rendsburger Wochenblatt“ einmal veröffentlicht worden. Demzufolge gab das Oberkonsistorium 1766 an die Kirchenvisitatoren (amtliche Kirchenaufseher) der Landschaft Fehmarn die Weisung, dass „die Funcion eines unter der Predigt umhergehenden Aufweckers in Zukunft cessieren soll“. Die Aufwecker wurden damals auch „Kirchenstößer“ oder „Purrnstöcker“ genannt, was von „purren“ oder „porren“ (stochern) hergeleitet wurde. Dass besoldete und manchmal sogar besonders uniformierte „Kirchenstößer“, die ihren Stammplatz oft auf einem Gestühl zusammen mit dem Glockenläuter und Kirchendiener hatten, noch Mitte des 19. Jahrhunderts von Amts wegen „purrten“, ist wohl doch unwahrscheinlich.

Kronleuchter

Der große achtarmige Kronleuchter aus Messing wurde der Gemeinde 1658 von Johann Sülsen aus dem Mengersamgeschlecht geschenkt. Die Tropfschalen für die Kerzen sind muschelähnlich geformt, über der großen Kugel reitet Jupiter auf einem Adler. In der Linken hält dieser ein Schild mit der Inschrift: JOHAN SVLSEN IN MENGERSENGESCHLECHT 1658. Der Aufhänger darüber ist in der Form von zwei Nixen dargestellt. Der kleine Kronleuchter in der Nähe der Orgelempore stammt aus dem Jahr 1641. Auf ebenfalls acht Armen stehen die Kerzen auf Dreiermuscheln. Oben eine Figur und hübsche Zierden.

Siebzig Messingleuchter, die auf dem Scheitelpunkt der Stuhlwangen angebracht werden können, dienen besonders festlichen Anlässen, so zum Beispiel zu abendlichen Kirchenkonzerten und hohen Feiertagen. Sie wurden von der Domgoldschmiede in Meldorf angefertigt und am Heiligabend 1978 eingeweiht. Goldschmiedemeister Peter Möller, Chef

Großer Messingleuchter vor dem Chorraum

ANNO 1712
GLAUBE

und Inhaber der renommierten Dithmarscher Werkstatt, hat diese und auch den Osterleuchter bzw. Taufkerzenleuchter (1980) entworfen in seiner Werkstatt aus Eisen und Messing angefertigt.

Altar

Vom Altar mit der Tafelinschrift aus dem Jahr 1442 war bereits die Rede. Der ehemalige Hauptaltar der Kirche war 1520 von Pastor Reimer Benning gestiftet worden. Es war ein zierlicher Altar, gewidmet der Schutzheiligen des alten Dithmarschen, der Mutter Jesu, Maria. In einem Bild zeigte er Christus, an einen Pfahl gebunden. In der Nähe Christi steht ein Tisch, auf dem sich Kelche befinden. Das Blut fließt aus den Wunden Jesu in die Kelche, fließt über und läuft über den Tischrand. Unter dem Tisch liegt ein Mönch, der das Blut mit zusammengefalteten Händen empfängt und zum Munde führt. Auch dieser Altar ist nicht mehr vorhanden. Über seinen Verbleib ist nichts bekannt.

Der heutige spätbarocke Altaraufsatz (das Retabel) auf dem gemauerten Tisch (Mensa) stammt aus dem Jahr 1712. Der Stifter ist unbekannt. Ganz unten die Predella, der Unterbau der hölzernen Altarwand. Sie zeigt eine langovale Malerei auf Leinen (84 cm breit, 34 cm hoch) mit dem Motiv des Abendmahls. Es wurde zuletzt 1991 restauriert. Entgegen dem Urteil von Haupt um 1897: *„In der Staffel ein schlecht gemaltes Abendmahl“* handelt es sich laut Mannowitz doch *„um eine recht passable Malerei mit interessanten Details“*.

Darüber dann vor einer flachen Mittelnische die Kreuzigungsszene: Christus am Kreuz, zur Linken Maria, zur Rechten Johannes. Über der

Spätbarocke Altarwand mit biblischen Szenen. Ganz oben: Himmelfahrt Christi. Es sind nur noch die bloßen Füße zu sehen.

Mittelnische die Auferstehung: der auferstandene Christus mit einer Strahlenkrone auf dem Haupt und dem Dannebrog, der dänischen Nationalflagge in der Hand. Darüber noch angedeutet die Himmelfahrtsszene, die man nur entdeckt, wenn man ganz vor die Altarstufen tritt. Dann sieht man nur noch die bloßen Füße Christi aus einem Wolkenkranz herausragen.

Nach seiner Unterwerfung in Folge der „Letzten Fehde" im Jahr 1559 wurde Dithmarschen zunächst dreigeteilt. Büsum kam mit dem nördlichen Teil unter die Herrschaft des Herzogs von Gottorf (Schleswig), Wesselburen, Heide und Albersdorf zunächst unter die Herrschaft des Herzogs von Hadersleben, Meldorf mit dem südlichen Teil fiel dem König von Dänemark zu. Nach dem Tode von Herzog Johann dem Älteren im Jahr 1581 wurde Dithmarschen dann in Norder- und Süderdithmarschen zweigeteilt. Diese Teilung sollte dann unter wechselnden Herrschaften rund 400 Jahre dauern. Die stolzen und freiheitsliebenden Männer des Landes mussten mit entblößtem Haupt kniend auf dem Heider Marktplatz den neuen Herren den Treueeid schwören. Die größte Demütigung in ihrer Geschichte.

Der Danebrog, seit 1625 offizielle dänische Nationalflagge, ist eine der ältesten Fahnen der Welt. Die Wikinger, deren wichtigster Handelsplatz Haithabu bei Schleswig war, sollen schon eine rote Fahne auf ihren Schiffen gehisst haben. Der Legende nach soll in der Schlacht des dänischen Königs Waldemar II. die Fahne vom Himmel gekommen sein und den fast aussichtslosen Kampf gegen die heidnischen Esten in der Schlacht von Lyndanisse (Tallin) zugunsten der Dänen entschieden haben. Vermutlich geht das Motiv eines weißen Kreuzes auf rotem Grund auf die Flagge der Kreuzritter des Johanniterordens zurück. Der Danebrog gehört zu einer ganzen Gruppe von alten europäischen Seezeichen mit dem Kreuz auf der Nord- und Ostsee.

An den Seiten des Hauptbildes sind die Symbolfiguren „Glaube“ und „Hoffnung“ angebracht. Über der Symbolfigur der Hoffnung steht ein Engel, der in der einen Hand eine Stange trägt, an deren Spitze sich glühendes Eisen befindet, und in der anderen Hand einen Hammer hält. Dieser Engel ist von einem Schmied gestiftet worden, der seinen Berufsstand im Altarbild erscheinen lässt und dadurch für gesegnet hält. Besucher der Kirche vermissen gelegentlich auf der gegenüberliegenden Seite eine Symbolfigur der Liebe. Die Liebe wird jedoch durch das Hauptbild des Altars dargestellt: das Opfer Jesu am Kreuz. Auf dem Altartisch stehen zwei alte Renaissanceleuchter aus Messing mit schlankem Balusterschaft aus dem 18. Jahrhundert. Die Altarschranken schließen vorn jeweils mit einem Putto, einer engelartigen nackten Kindergestalt, als Träger.

Bis zur Einweihung der neuen Friedhofskapelle standen noch zwei weitere Leuchter aus vergoldeter Bronze aus dem Jahre 1828 auf dem Altartisch. Diese wurden von dem St. Petersburger Kaufmann Johann Dyrssen, seiner Frau und den zwölf Kindern gestiftet. Sie tragen die Inschrift: *„Als Zeichen der Dankbarkeit für die herzliche Aufnahme, die die Einwohner Büsums uns erwiesen, als wir im Jahre 1828 aus St. Petersburg dahin kamen, um unsere hochbetagten Eltern Tobias Dyrssen und Triencke Dyrssen, geb. Rehder, zu besuchen, und zum bleibenden Andenken an unsern Aufenthalt daselbst vom 14. Juli bis 23. August.“*

Der Besuch des Kaufmanns und die Stiftung der Leuchter hatten in einheimischen Presse großes Aufsehen erregt. Der Kaufmann Johann Dyrssen, Schustersohn aus Büsum, hatte es in St. Petersburg zu Reichtum gebracht, war Kaufmann „erster Gilde“ geworden. Der „Königlich privilegierte Ditmarser und Eiderstedter Bote“ brachte am Donnerstag, dem 6. September 1832, darüber auf der ersten Seite einen großen Bericht. Unter anderem ist dort folgendes zu lesen: *„Zum 15ten August d. J. (1832), dem Geburtstage des alten Dyrssen, langte von Petersburg eine an den Orts-*

prediger Gazert adressierte Kiste an, welche zwei prachtvolle schön vergoldete Altarleuchter vom feinsten sibirischen Metalle enthielt... Die Futterale, in welchen die Leuchter stets auf dem Altar, außer bei feierlichen Anlässen, verschlossen gehalten werden sollen, sind aus rothem Corduan sauber mit Gold ausgearbeitet. Nichts fehlt zur Vollständigkeit des Geschenks, von den Wachslichtern bis zu den weichen Handschuhen zum Ordnen der Leuchter auf dem Altare.

Abendmahlsszene auf der Predella, dem Zwischenstück zwischen dem Altartisch und der Altarwand.

Wie die Leuchter dem Kaiserlich Russischen Hofe von dem Kunstier vorgezeigt wurden, soll die Kaiserin solche so kunst- und geschmackvoll gefunden haben, daß sie zwei ähnliche in Bestellung gegeben, um damit späterhin eine neu erbaute Kirche in Berlin zu zieren." Dem 79jährigen Vater zeigte man die Leuchter seines Sohnes an seinem Geburtstag in der Kirche. Am folgenden Sonntag wurden sie dann „vor versammelter Gemeinde eingeweiht".

Kanzel

Seit der Reformation kam der Predigt mit der Auslegung des Wortes Gottes, wie es die Bibel bezeugt, die größte Bedeutung im Ablauf des Gottesdienstes zu. So wurde die Kanzel mitten ins Publikum platziert, damit jeder und jede den Prediger möglichst gut sehen und hören konnte. Die Kanzel (1729), ist aus Eichenholz, nur wenige Ornamente sind aus Lindenholz. Ein langer Widmungsspruch nennt ihre Stifterin: „Zu Ehren Gottes und der Kirchen Zierde hat des weiland seligen Herrn Claus Jungen 24jährigen Kirchsivogt nachlebende FrWittb Wiebke Jungen gebohrne Bennen diese Canzel verehret UAO 1729 IM.AP: setzen lassen." Witwe und Erben des Nicolai Junge ließen die Kanzel 1733 staffieren und schmücken. Die Kanzel hat – typisch für den Stil der Zeit – Akanthuslaubverzierung und Säulen am Kanzelkorb. Die ursprünglichen fünf Figuren daran waren nach einem Brand 1862 verschwunden. 1912 ließ die Gemeinde neue Figuren anfertigen und anbringen. Der Kieler Bildhauer Wilhelm Hansen schnitzte die Christusfigur und die vier Evangelisten. Die Kanzel hatte nach dem Brand einen gelben Farbanstrich bekommen. 1912 versetzte man sie in den alten Zustand. Über dem fünfseitigen Kanzelkorb mit Säulen hängt der dazugehörige sechsseitige Kanzeldeckel mit Akanthusaufsätzen und dem Spruch aus dem Jakobusbrief, Kapitel 1, Vers 22: „Seid Täter des Worts und nicht Hörer allein, damit ihr euch selbst betriget." Die Inschrift ist für den heutigen Sprachgebrauch insofern verwirrend, weil natürlich gemeint ist, dass man sich selbst betrügt, wenn man nur Hörer und nicht auch Täter des Wortes Gottes ist. Das „damit" müsste heute vom Sinn her durch „wodurch" ersetzt werden.

Barocke Kanzel. Am Kanzelkorb der segnende Christus und die vier Evangelisten.

SEID TÄTER DES WOR
TS UND NICHT HÖRER
CLAUS IUNGEN
94 IÄHRIGEN
ND SEELIGEN HERRN
S. MATHEUS
C KE IUNGEN GEBO
HR NE BENNE N DIE

Die Brüstung der Treppe ist ebenfalls mit Akanthuslaub verziert. Da das Plattdeutsche nur bis 1633 Amts- und Kanzelsprache im Land war, ist die Schrift auf der Kanzel hochdeutsch gefasst.

1733 erfolgte die erste farbige Fassung mit Schwarz-Weiß-Gold. 1912 wurde sie von Jensen aus Garding/Eiderstedt renoviert. Die Kanzel wurde zuletzt 2001/2002 restauriert.

Das große Ölgemälde an der Nordwand zeigt das Jüngste Gericht (Öl auf Leinwand, 175 x 210 cm). Der sonst nicht weiter bekannte Hamburger Maler G. Northwic hat es 1744 geschaffen. Der preußische Minister für geistliche Angelegenheiten ließ 1886 ein künstlerisches Gutachten erstellen, in dem es heißt: „Das Bild zeichnet sich durch die Sicherheit der Zeichnung, die einheitliche Gesamtkomposition, die geschickt zusammengesetzte, wie vertheilte Beleuchtung und schöne Farbe aus und lässt auf einen hochbegabten Meister schließen." Der Künstler wählte als Motiv die dramatischere der beiden Endzeitvorstellungen der Bibel. Nach der national-irdischen Vorstellung tritt am Ende der Zeit in Israel ein charismatischer Führer auf, der das Volk sammelt und Israel wieder zu einem Großreich erstarken lässt. Alle Völker erkennen Jerusalem als Welthauptstadt und Mitte an und wallfahren zum Tempel. Unser Bild aber hat die andere Vorstellung der Hebräischen Bibel bzw. des Alten Testaments aufgenommen: Am Ende der Zeiten öffnet sich der Himmel, der Engel mit der Posaune bläst zum Gericht. Ihm folgt auf einer Wolke der Menschensohn, Christus. Die Gräber tun sich auf, das Fegefeuer brennt lichterloh. Christus hält Gericht und wird die Guten und die Schlechten wie Spreu vom Weizen trennen. Diese universalkosmische Endzeiterwartung hat den Künstler zu seinem Werk inspiriert. Gewiss hat dieses dramatische Zeugnis der Vergänglichkeit und der Drohung eines Endgerichts Betrachter des Bildes mit ehrfürchtigem Schauer erfüllt und zum Gehorsam gegenüber manchen Angst auslösenden Dogmen der Kirche und strengen geistlichen Herren motiviert.

Votivschiff

Wie es sich für eine Kirche an der See gehört, hängt auch in der Büsumer Kirche im Mittelschiff ein Votivschiff. Solche Schiffsmodelle wurden meistens von Schiffergilden gestiftet. Das große Gegenstück des Modells fuhr über die Meere. Die Besatzung wusste sich mit ihm ihrer Heimatkirche verbunden. Vielleicht war es ihr aber auch mit einem Segenswunsch oder Gelübde vermacht worden. Votivschiffe hatten nicht nur im evangelischen Raum auch die Funktion von „Blindgräbern" in binnenländischen Gebieten. Sie sollten die ertrunkenen oder die in fremder Erde bestatteten Seeleute im heimatgemeindlichen Raum festhalten. Soweit noch feststellbar, wurden die ersten Votivschiffe für tatsächlich auf See verloren gegangene Schiffe und ihre Besatzungen in

Votivschiff "Der milde Herbst"

die Kirchen eingebracht. Die Sitte, bereits erst auslaufende Schiffe in die Kirchen als Modell zu hängen, erscheint in Lübeck während der Nordischen Kriege (1554-1721). In diesen militärischen Konflikten zwischen wechselnden Staaten ging es um die Vorherrschaft (Dominium maris Baltici). Ein weiterer Grund mag weiter im Westen mit der Aufnahme der Indienfahrten gegeben sein, zu Zeiten also, als mit deren Verlust zu rechnen war. Handel war damals und bis in die Gegenwart die mehr oder minder gewaltsame Aneignung fremden Eigentums und entsprechend mussten sich die schützen, die das Geschäft betrieben. In Europa hat erst der Wiener Kongress 1817 eine schriftliche Übereinkunft zustande gebracht, die die Unversehrtheit unbewaffneter Handelsschiffe vorsah.

Das Büsumer Votivschiff „Der milde Herbst" ist ein Geschenk von Pastor Johann Christian Gazert. Er hatte es 1807 von seiner Gemeinde auf der Nordseeinsel Föhr zu seiner Verabschiedung erhalten. Von wem und zu welchem Zweck dieses Modellschiff ursprünglich angefertigt wurde, ist nicht bekannt. Gazert war dann bis 1841 Gemeindepastor in Büsum. Das Votivschiff ist 180 Zentimeter lang, gleicht einem dänischen Kriegsschiff. Es könnte jedoch auch ein wehrhaftes Handelsschiff mit Kanonenbestückung sein, ging es doch auf dem Meer oft ziemlich gefährlich zu. Eine solide Verteidigungsmöglichkeit an Bord machte die Reisen der Seefahrer sicherer. Anlässlich der olympischen Segelwettbewerbe in Kiel 1972 fand das Schiff auf einer Ausstellung seine Bewunderer.

Epitaph Kruse und Emporenbilder

Über der Tür der Südwand neben dem alten Kirchenstuhl des Kirchspielvogtes fällt das große Epitaph Kruse auf, ein übergiebeltes Bild, Öl auf Holz, aus dem Jahre 1621. Zusätzlich zu Gedenksteinen auf dem Kirchhof pflegte man zu alter Zeit und repräsentativen Zwecken in der Kirche eine Gedenktafel anzubringen. Das Epitaph zeigt in fünf Feldern die Darstellung der Verkündigung der Geburt Jesu, Anbetung der Hirten, Auferstehung Christi, Ausgießung des Heiligen Geistes und die Himmelfahrt Christi. Unter dem Bildfeld der Verkündigung ein Bibelspruch aus dem Buche des Propheten Hesekiel, Kapitel 36, unter dem Feld der Anbetung ein Wort aus dem Buche des Propheten Hosea, Kapitel 13. Zwei Wappen der Diekbolingmannen zieren die Tafel, dazwischen ein langer, zum Teil unleserlicher Widmungsspruch: *„Anno Christi unsers ewigen Erlösers und Seligmakers gebordt 1621 am dage Johannis Baptistae hebben Claus Kruse und seine eheliche husfruwe Grete tho Diekhusen disse tafell vornemlich Godt tho Ehren, dieser Kerken S. Clementis thom sirade unde dersulvigen löblichen Gemene thor sunderlichen Erinnerunghe firewillich geschenkt unde vorehret. Und der Allmechtige woll enen eine christliche Uperstehinge … unde endlich de Kron des ewigen Lebens geven."*

Die ursprünglichen Ölbilder an der Emporenbrüstung, die Jesus und die Apostel darstellen, aus dem 18. Jahrhundert waren übermalt und sind erst Anfang des 20. Jahrhunderts unter der Anleitung von Propst Heesch, von einem einheimischen Maler restauriert bzw. neu geschaffen worden. Auf einer langen Leiter soll der Maler mit Pinsel und Farbe oben gestanden haben, während Heesch mit seiner langen Pfeife qualmend unten stand und Anweisungen gab, welche Haarfarbe oder Kleidung der Apostel Petrus oder Paulus nach seiner Vorstellung bekommen sollte.

Farbig verglaste Fenster

Ursprünglich war die Kirche farbig verglast. Um die Jahrhundertwende 1899/1900 war von den alten Fenstern nichts mehr erhalten. So stiftete der Gutsbesitzer Robert Schröder aus Oesterdeichstrich/Osterhof das Nordfenster im Chor. Es stellt Christus als Sämann dar, der über das Land geht und die gute Saat des Wortes Gottes aussät, das zwischen Unkraut und Steinen doch Frucht wachsen lassen wird. Das 1908 gestiftete Fenster repräsentiert die Landwirtschaft in der Kirche.

Der Fischereiverein Büsum schenkte der Kirche 1911 ein Fenster. In der Szene „Christus und das Meer" droht der ängstliche Petrus im Meer zu versinken, erst die rettende Hand seines Herrn erlöst ihn aus seiner Not. Das dritte farbig verglaste Fenster mit dem Motiv des barmherzigen Samariters ließ der von der Gemeinde als Ehrenkurgast ausgezeichnete Lübecker Oldenburg anlässlich seines 90. Geburtstages einbauen. Er stiftete dies Bild als Dank für seine hier wiedergewonnene Gesundheit.

Die farbig verglasten Fenster der Kirche standen damals und stehen noch heute sinnträchtig für die dominierenden Säulen der Wirtschaftskraft der Gemeinde: die Landwirtschaft, die Fischerei und den Kurbetrieb des Nordseeheilbades. Von ihnen hat heute der Kurbetrieb ohne Zweifel die zentrale Bedeutung übernommen.

Im Jahre 2000 stiftete Camilla Brandts aus Bremen, die regelmäßig Urlaub in Büsum machte, in hochbetagtem Alter das vierte farbig verglaste Fenster an der Nordwand. Nach einem Entwurf von Ch. Schwarze-Kalkoff zeigt es ein österliches Motiv nach dem Johannes-Evangelium, Kapitel 20, Verse 15 und 16. Der Auferstandene begegnet am Grab Maria Magdalena, die Christus nicht erkennt. Erst als er zu ihr spricht: „Weib, was weinest du? Wen suchest du? Sie meint, es sei der Gärtner, und spricht zu ihm: Herr, hast du ihn weggetragen, so sage mir, wo hast

Drei der vier gestifteten farbig verglasten Fenster. Links mit dem Motiv des Sämanns, in der Mitte mit Christus, der den Apostel Petrus vor dem Ertrinken rettet, rechts mit dem Motiv der Auferstehung.

du ihn hingelegt, so will ich ihn holen. Spricht Jesus zu ihr: Maria! Da wandte sie sich um spricht zu ihm auf Hebräisch: Rabbuni! Das heißt: Meister!“ Und erkennt ihn. Der Platz vor diesem Fenster war der Stammplatz der Stifterin in der Kirche, sie starb an einem Ostermorgen mit über neunzig Jahren.

Die Marcussen-Orgel von 1983

Die Orgel der St. Clemens-Kirche ist ein sehr kostbares Instrument. Sie entspricht ganz der norddeutschen Orgelbau- und Musiktradition. Die Orgel, die oft Königin der Instrumente genannt wird, bringt andere Saiten der menschlichen Seele in Schwingungen, als die Wortverkündigung es vermag. Die evangelische Gottesdiensttradition betont das Wort, mit der Ausrichtung auf die Predigt, hat die Tendenz, „kopflastig" zu sein, nur den Intellekt, Verstand, nicht so sehr die Sinne anzusprechen. Dabei war Martin Luther (1483-1546) nicht nur ein Meister des Wortes, sondern auch der Musik. Viele Kirchenlieder hat er komponiert, die zeitweise wie Schlager oder Hits richtige „Ohrwürmer" waren und regelrecht zu Gassenhauern wurden.

Neben Luther verwirklichte Johann Sebastian Bach (1685-1750) als „bedeutendster und heute weltweit bekanntester Schöpfer evangelischer Kirchenmusik die lutherische Musikauffassung durch seine freien wie choralgebundenen Orgelwerke, Kantaten, Messen, Oratorien und Passionen". Zum Thomaskantor und Universitätsmusikdirektor in Leipzig wurde er 1723 berufen mit der Bestimmung „zu Gottes Ehre und Recreation des Gemüts". Seine Musik sollte, heißt das, der Erholung und Erfrischung des Gemütes, der Seele dienen. Das evangelische Gesangbuch mit seinen Kirchenliedern hat über Jahrhunderte mit Worten, Texten und Melodien Glauben und Leben der Menschen sehr stark beeinflusst. Denn Musik „vollzieht sich in einem Raume, den nie ein Wort betreten hat", sagt der Dichter Rainer Maria Rilke einmal. Sie spricht aus, „was im Menschen selber noch stumm ist", so der Philosoph Ernst Bloch in „Das Prinzip Hoffnung". Die Musik „baut Brücken zu einer Welt, an der wir zwar teilhaben, die uns in ihren Bann zieht, die wir aber nicht messen, nicht beweisen oder widerlegen können. Wer Musik hört, aufmerksam hört, hat teil an dieser Welt, die uns sonst verschlossen bleibt. Musik ist eine eigene Sprache, die andere Informationen als Worte vermittelt." (Günter Jena) Sie erreicht und verbindet uns direkt mit unseren tieferen, den unbewussten Schichten, dem kollektiven Unbewussten, dem Zentrum unseres Selbst. Die Musik sollte im Gottesdienst und im kirchlichen Raum den gleichen Rang wie das Wort haben. Auch sie hat teil am Verkündigungsauftrag der Kirche. Vielleicht erreicht die christliche Botschaft heute eher Menschen über die Musik als über das Wort. Den tiefen Sinn der christlichen Botschaft der Freude und Befreiung durch das Wort zu vermitteln, daran sind nicht wenige gescheitert. Den Vermittlungsauftrag zu erfüllen, ist in unserer Zeit schwieriger denn je. Die Musik hat da andere Möglichkeiten.

„Frisia non cantat", lautet ein alter Spruch. „Friesland singt nicht." Das konnte man wohl auch für Dithmarschen sagen. Die Musik spielte im Gottesdienst lange Zeit eine untergeordnete Rolle. Also vielleicht auch: „Dithmarsia non cantat!" Aber mit zunehmender Bedeutung des Tourismus im geradezu explosiv gewachsenen Nordseeheilbad Büsum und seinen Gästen aus ganz Deutschland waren die Ansprüche und Erwartungen an die musikalische Gestaltung der Gottesdienste und Kirchenkonzerte gestiegen. Die Kemper-Orgel von 1960 hatte den besonderen klimatischen Bedingungen nicht entsprochen. Eine Reparatur der schadhaften Orgel, obwohl erst gut 20 Jahre alt, lohnte nicht. Aber wie soll man einen emanzipierten Kirchenvorstand (heute Kirchengemeinderat) davon überzeugen, sehr, sehr viel Geld in die Hand zu nehmen – nur für ein Musikinstrument, auch wenn die Orgel als Königin der Inst-

Blick von der Kanzel in den Kirchenraum und auf den Orgelprospekt.

Vergoldete Schleierbretter und Zimbelstern im Orgelprospekt

rumente bezeichnet wird. Dies bedurfte rednerischer und vielleicht auch schlitzohriger Überzeugungskraft. Alle wichtigen und erst recht innovativen Beschlüsse mit finanzieller Auswirkung bedurften im emanzipierten, kompetent zusammengesetzten Kirchenvorstand mit Menschen aus der Wirtschaft und allen Bereichen der Gesellschaft in der Regel dreier „Lesungen". Denn es galt ja, ein wahrlich dickes Brett zu bohren. Kirchenmusikerin (Daniela Baller), Gemeindepastor und Freunde der Kirchenmusik zogen als Verbündete, um im Bild der Orgelkonstruktion zu bleiben, alle Register. Es wurde ein Orgelbauverein gegründet, um Spenden für das teure Projekt zu sammeln. Es galt, politisch geschickt, die erforderliche Mehrheit für einen Orgelneubau im Kirchenvorstand zu bekommen und auch sehr sture Menschen zu überzeugen. Um es etwas freundlicher zu formulieren, was geschah, sei es erlaubt, dies nun in plattdeutscher Sprache zu schildern:

Anne Nordseeküst, dor stoht se mit beide Been fast op de Eer un hold sik an de Tatsachen. Mit de Musen stoht dorüm veele Lüüd op Kriegsfoot. Lust to sing'n, hett man villich, wenn man duun is un fiert, wenn Snaps de Kehl smeert. Wat manche Lüüd inne Kark so veel singt, is för se man blot vigeliensch. Un dinn eerst noch so veel Geld för een niede Orgel utgewen, dat fallt bannig swor. Jo, de ole Orgel weer möör. Un nu? De Paster bestell den Musikdirektor vun de böwerste Behörde vun de Landeskark in Kiel. De Kirl schull den Karkenvörstand dorvun öwertüügen, wat en niede Orgel her müss. So'n Orgel kost' je bannig veel Geld. Keen Elektronik, nix digital, allens mechanisch. Mit Blaasbalg Luft dörch de Piepen pusten un so. Dat is düür. Man – för den Herrgott dat Beste. Awers, mutt dat würkli so veel Geld kosten? De Karkenmusikdirekter leggt sik gewaltig in't Tüüch, verkloort de Karkenöllsten, wat dat mit de Königin vun de Instrumente op sik hett. De een Buur will dat nich in'n Kopp. Dusend Piepen un nix as Luft dörpusten, wo kann so'n Ding so düür sien? He wull sik nich betähmen un fraag dreist: „Seggn Se mol, wo swor mach so'n Orgel wull ween?“ „Tja“, anter de Musikus ut Kiel, öwerlegg een Oogenblick, as weer he sik vun de Bedüüdung un dat Gewicht vun disse Fraag bewusst, „tja, so'n lüttje teihn Ossen warrd de Orgel wull weegen.“ „Jungedi“, reep de Buur, „dat mutt je een gewaltige Instrument sein. Ick bün dorvör!“ Un dinn hett Büsum een feine Orgel kreegen, dat Sing'n vun de Gemeen to ünnermolen, för Konzerte – den Herrgott to'n Loff un de Karkenvörsitter to Ehr.“

Ob es nun genauso hergegangen ist, damals im Kirchenvorstand, da schweigt des Schreibers Höflichkeit. Jedenfalls erteilte der Kirchenvorstand durch Beschluss vom 26. November 1981 der traditionsreichen dänischen Orgelbauwerkstatt Marcussen & Son in Apenrade/ Nordschleswig den Auftrag, eine neue Orgel für die Fischerkirche zu bauen. Bevor der Kirchenkreis angesichts einer drohenden kirchlichen Finanzreform die Rücklagen der Kirchengemeinde, die dank weiser finanzpolitischer Vorgehensweise gebildet worden waren, antasten könnte, verwendete man das Geld lieber für die eigene Gemeinde und Kirche. Also, den Ausschlag für den Neubau einer Orgel gab vielleicht der Appell an ureigene Dithmarscher Tugenden und Instinkte. Und als ganz zuletzt das Geld für die Vergoldung der Schleierbretter und des Zimbelsterns im Orgelprospekt fehlte, ermöglichte die Einzelspende des Karlsruher Ehepaares Gerd und Rita Köhler schließlich doch noch die Vergoldung, ohne die der Orgelprospekt um seine Wirkung gebracht worden wäre.

Die Orgelbauwerkstatt Marcussen wurde gewählt, weil sich die von ihr in traditioneller Arbeit gebauten Orgeln jahrhundertelang in Schleswig-Holstein und Nordeuropa bewährt hatten. Es sind durchweg mechanische Orgeln in solider Bauweise, mit qualitätsvollen Materialien und offener Intonation. Marcussen hat Orgeln in den Domen zu Schleswig, Lübeck, Hadersleben, in Helsinki, in der Großen Kirche von Stockholm (Storkyrkan), in Rotterdam, im Freiburger Münster, aber auch (1977/2010) im Meldorfer „Dom der Dithmarscher“ in alter Handwerkskunst gebaut.

Der Inhaber in sechster Generation des international angesehenen Familienbetriebes (bis 1994, seitdem eine Aktiengesellschaft) Jürgen Zachariassen, begleitete persönlich den sehr anspruchsvollen Bau der neuen Büsumer Orgel zunächst in der Apenrader Werkstatt, in der sich der Kirchenvorstand bei einem Besuch einmal über den Fortschritt der Arbeiten informieren ließ. Die Orgel wurde komplett in monatelanger

Arbeit in der Werkstatt aufgebaut. Danach wurde sie demontiert und von April bis Juli 1983 auf der rückwärtigen Empore der St. Clemens-Kirche an seinem endgültigen Platz wieder aufgebaut. Anspruchsvoll war die Aufgabe wegen der schwierigen „trockenen“ Akustik (wenig bzw. kein Nachhall der Töne) und der denkmalspflegerischen Auflagen, die größere Eingriffe in die Innenarchitektur nicht erlaubten, um den typischen Charakter dieser Kirche zu bewahren. Man erwartete zu Recht eine lange Lebensdauer dieses so kostbaren Instruments. Unter großer Beteiligung der Bevölkerung und Urlauber wurde sie in einem Festgottesdienst am 3. Juli 1983, dem Jahr des 500. Geburtstages Martin Luthers, der Kirchen- und Kurgemeinde offiziell in Gebrauch genommen.

Im Folgenden zitieren wir aus dem Abnahmegutachten des Orgelsachverständigen der Landeskirche, Immo Wesnigk: „Der technische Teil der Orgel ist in durchdachter Konstruktion und saubersten Handwerksarbeit ausgeführt worden. Schon das Äußere des Instrumentes zeigt die gelungene Architektur der Orgel, die nach einer Ideenskizze des Nordelbischen Kirchenamtes (Kirchenoberbaudirektor Dr. Claus Rauterberg, Kiel) von der Firma Marcussen in sehr einfühlsamer Art ausgearbeitet wurde. So ist die Orgel ein besonderes Schmuckwerk des Kirchenraumes. Die sehr ansprechend gestaltete Spieleinrichtung läßt über ihre spieltechnisch ausgezeichnete Funktion hinaus den Organisten auch visuell immer fühlen, an welch kostbarem Instrument er seine Kunst ausführen darf... Die auf die technischen Belange ausgerichtete Wahl der Baumaterialien...garantiert eine lange Lebensdauer der Orgel, was besonders in Gegenden mit angreifendem feuchtem Klima, wie es an der Nordsee herrscht, wichtig ist. Auch das Pfeifenwerk ist aus Material hergestellt, das sowohl eine lange Lebensdauer der Pfeifen garantiert als auch die künstlerischen Absichten hinsichtlich der Klangeigenschaften der Orgel verwirklichen hilft. Die Holzpfeifen sind alle aus Eiche hergestellt, Stück für Stück bewundernswert in ihrer sauberen Ausführung und gekonnten Intonation. Das gleiche gilt von den labialen Metallpfeifen und den Zungenstimmen...Das Nachthorngedackt 8' im Pedal klingt über den gesamten Pedalbereich hin gleichmäßig, in der Tiefe nicht mulmig, sondern zeichnend, in der Höhe nicht penetrant, was ja sonst häufig ein Fehler dieser Stimmen ist, sein Ton hat eine gute Tragfähigkeit. Der Subbaß 16' (Anmerkung des Autors: Die Zahl bezeichnet die Größe der einzelnen Orgelpfeife in Fuß, einem alten Maß; 1 Fuß entsprechen 30,48 Zentimetern) stellt eine sehr gute Sechzehnfußgrundlage dar, er gibt dem Baß ein gut entwickeltes Fundament.

Große Probleme bietet die schwierige Akustik der St. Clemens-Kirche. Es ist kein Nachhall vorhanden, der Schall wird gleichsam verschluckt, das Problem wird noch verstärkt durch die geringe Deckenhöhe auf der Empore und durch den Teil der Empore, der sich an der nördlichen Kirchenwand hinzieht. Es war aus denkmalspflegerischen Gründen nicht möglich, den Westteil der Empore, auf dem jetzt die Orgel steht, zu entfernen, um die ganze Höhe der Westwand zur optimalen Aufstellung der neuen Orgel verfügbar zu haben, was eingehend diskutiert worden ist. Die Aufstellung wurde dann so vorgenommen, daß Hauptwerk und Pedalwerk ihren Platz an der Emporenbrüstung bekamen, so kann der Klang dieser Werke ungehindert abgestrahlt werden, was akustisch eine günstige Lösung ist, die allerdings eine äußerst delikate Intonation bei der trockenen Raumakustik verlangt. Das ist dem Intonateur vollständig gelungen. Seiner Kunst ist es zu verdanken, daß die Register des Prinzipalchores – ich möchte auf den außerordentlich schön klingenden Prinzipal 8' des Hauptwerkes besonders hinweisen – in den verschiedenen Mischungen und im Plenum vorzügliche Wirkung haben, mit dem sich auch die Zungen eindrucksvoll verbinden. Diese Zungen: eine strahlende Trompete 8' im Hauptwerk, im Pedal ein grundierendes Fagott 16', eine sanftere Trompete 8‘ und eine strahlende Klarine 4‘ sind auch solistisch gut verwendbar, sie geben der Orgel einen besonderen Charakter.

Das Hauptwerk hat wegen seiner optimalen Aufstellung auch noch die solistische Funktion eines Rückpositivs zu übernehmen, wozu die Register des Weitchores: Gedackt 8‘, Rohrflöte 4‘, Nasat 2 ½‘, Blockflöte 2‘, außerdem die Oktave 2‘ und der Tremulant zur Verfügung stehen. Auch bei dieser Aufgabe erfüllt es die Erwartung ganz und voll. Das aus Metall gebaute Gedackt 8‘ wird auch seiner Funktion als Begleitregister für die unterschiedlichsten Soloregistermischungen des Brustwerkes gerecht, es hat einen leicht singenden Ton, zeichnet gut, ist immer vernehmlich, aber nie dick im Klang.

Im Gegensatz zur günstigen Aufstellung des Hauptwerkes ist das Brustwerk in seiner Aufstellung hinter dem Hauptwerksgehäuse akustisch benachteiligt. Günstig ist allerdings, daß die Werktrennung zwischen Hauptwerk und Brustwerk durch die räumlich unterschiedliche Aufstellung deutlicher hörbar ist als im Normalfall, was musikalisch gut wirkt.

Auch die Register des Brustwerkes sind feinsinnig und gesund intoniert, die Pfeifen sprechen locker und schnell, sie haben – wie Gedackt 8‘, Spitzgambe 8‘ und Holzprinzipal 4‘ besonders zeigen – ihren klangli-

Orgelpfeifen des Pedalwerks im Orgelprospekt

chen Charme, die sehr gute Verschmelzungsfähigkeit läßt viele Kombinationen zu. Es ist schade, daß der Klang des Brustwerkes unten im Kirchenraum etwas geschwächt ankommt, weil klangliche Feinheiten sich verlieren, was in dem Maße nicht vorhersehbar war. Die Zeichnung der Stimmen ist aber immer deutlich, so daß durch feine, mehr kammermusikalische Farbigkeit der Klang des Brustwerkes den Hörer zum aufmerksamen Hören, den Organisten zum überlegten Registrieren zwingt...

Die Firma Marcussen hat für die Büsumer St. Clemens-Kirche ein Orgelwerk geschaffen, dessen Klangvermögen von feinsten kammermusikalischen Schattierungen bis zum kraftvollen Plenum, das seine Kraft aus der intensiven Farbigkeit der Einzelregister bezieht und nicht, wie man es gelegentlich noch findet, aus bloßem Schalldruck, der durch Unvermögen der Hersteller nicht in Farbigkeit umgesetzt werden konnte."

Immo Wesnigk schließt seine Beurteilung der Orgel mit dem Wunsch, „daß dieses Beispiel großer Orgelbaukunst immer Menschen findet, die es als Spieler und Hörer zu würdigen wissen. Dann kann es seinen Dienst an Generationen von Menschen leisten!"

Jürgen Zachariassen (dessen Tochter heute als CEO in siebenter Generation das Unternehmen führt) beschreibt die Orgel so: Sie „entspricht ganz der alten Tradition des nordeuropäischen Orgelbaus mit reichem Klangspektrum, soliden Schleifladen und einfacher, präzise funktionierender Mechanik, die an unzähligen Orgeln in Vergangenheit und Gegenwart ihre allgemeine Gültigkeit bewiesen hat. In diesem Sinne sind die 26 Register des Instrumentes auf zwei Manualwerke und Pedalwerk verteilt, wie es der Aufbau der Orgelgehäuse erkennen läßt: in die Emporenbrüstung eingelassen stehen Haupt- und Pedalwerk nebeneinander, während das Brustwerk mit vorgebautem Spieltisch hinten placiert ist. Durch diese Anlage sind günstige Voraussetzungen für die Klangentfaltung der 1481 Pfeifen aus Zinn-Bleilegierung und Eichenholz geschaffen.

Um auch eine Klangdämpfung zu ermöglichen, ist das Brustwerk mit Schwelljalousien versehen. Eine klangliche Besonderheit stellen schließlich die Glöckchen des Zimbelsterns dar, der außerdem im Pfeifenprospekt in Erscheinung tritt.

Grundriss der Orgel

Disposition der Orgel: Immo Wenigk
Intonation: Albrecht Buchholtz

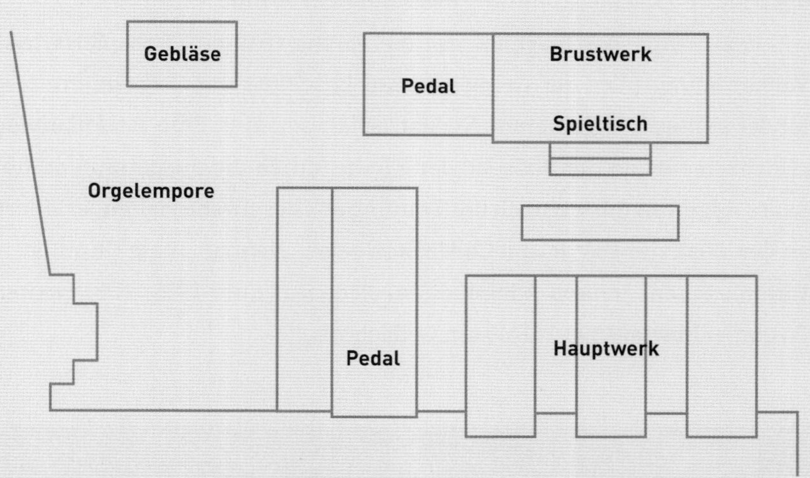

Hauptwerk (C - g^3)

1. Prinzipal 8'
2. Gedackt 8'
3. Oktave 4'
4. Rohrflöte 4'
5. Nasat 2 2/3'
6. Oktave 2'
7. Blockflöte 2'
8. Mixtur 3-4fach
9. Trompete 8'
10. Tremulant
11. Zimbelstern

(C- g^3) Brustwerk mit Schweller

1. Gedackt 8'
2. Spitzgambe 8'
3. Prinzipal 4'
4. Quinte 2 2/3'
5. Oktave 2'
6. Terz 1 3/5'
7. Quinte 1 1/3'
8. Blockflöte 1'
9. Vox humana 8'
10. Tremulant

Pedal C- f'

1. Subbaß 16'
2. Oktave 8'
3. Gedackt 8'
4. Oktave 4'
5. Rauschpfeife 4fach
6. Fagott 16'
7. Trompete 8'
8. Clarine 4'

Kollektivzüge

1. BW-Pleno
2. HW-Pleno
3. Ped.-Pleno
4. Ped.-Zungen

Koppeln

1. HW/Ped.
2. BW/Ped.
3. HW/BW

Der Kirchhof - Neocorusplatz

Der freie Platz um die Kirche herum, die Kirchenwarft, auf der die St. Clemens-Kirche steht, war bis zur Mitte des 19. Jahrhunderts zugleich der Büsumer Friedhof. Einige Grabsteine deuten noch heute auf die frühere Zweckbestimmung des Kirchplatzes hin.

1950 wurde der Kirchhof um die Kirche (früher Kirchspielskrink, Versammlungsplatz der Gemeinde) auf Beschluss der Gemeindevertreter der politischen Gemeinde Neocorusplatz genannt. Eine Tafel über der „Hochzeitstür" an der Südseite der Kirche, durch die die getrauten Ehepaare mit ihren Gästen nach der Trauung aus der Kirche ziehen, erinnert an den Büsumer Pastor und Chronisten seiner Heimat: „Dem Chronisten Dithmarschens Johann Adolphi, gen. Neocorus, (um 1555-1638, zweiter Pastor zu Büsum 1590-1614) zum Gedächtnis."

Auf der Nordseite ist Neocorus als lebensgroße Bronzeplastik dargestellt. Der Chronist und Kirchenmann sitzt auf einer Bank und schreibt mit einem Federkiel an seiner Chronik. Das Werk des Brunsbütteler Künstlers Jens Rusch war eine Auftragsarbeit für die Henriette-und-Wilhelm-Schmidt-Engels-Stiftung. So ist der berühmte Dithmarscher über 400 Jahre später wieder an die Stätte seines Wirkens zurückgekehrt. Vor der Enthüllung des Kunstwerkes am Pfingstmontag 2009 wurde er in einem feierlichen Gottesdienst gewürdigt.

An einem Pfeiler des Nordostchors lehnt hoch aufgerichtet der Grabstein eines früheren „Gevollmächtigten" für das Kirchspiel Büsum und das Land Dithmarschen beim Herzog von Schleswig-Holstein auf Schloss Gottorf bei Schleswig: *„Anno 1669 den 26. Aprilis ist der ehrenwerteste achtbar und wohlvornehmer ehrbarste Reimer Teissen wohlbetrauter Landes und hiesigen Kirchspiels Busen Gevollmächtigter selig in Gott entschlafen. Seines Alters im 60ten Jahr. Johannes 11, Vers 25. Ich bin die Auferstehung und das Leben, und wer an mich glaubt, der wird leben, ob er gleich stürbe."* Darunter die Inschrift: *„Anno 1661 den 7 Decembris ist die ehr- und tugendsame Fr. Telsche Tieseen selig in Gott entschlafen. Ihres Alters 49 Jahr"*.

Am Südostpfeiler des Chorraumes steht unter der Sonnenuhr von 1863 ein hoch aufgerichteter Grabstein mit der Inschrift: „Karsten Sager und Fr. Telsche. Vor ihnen und ihren Erben. Anno 1708." Das Wappen mit dem Anker weist auf das Hellmangeschlecht hin.

Am Südpfeiler neben der „Hochzeitstür" zeigt der Stein von 1593 vier Kluftwappen. Gut erhalten ist noch der wittingmannsche Löwe. Die Inschriften sind überwiegend unleserlich. Zu erkennen ist der Name Johann Hinricsen.

Neocorusplatz vor der Südwand der Kirche. Im Hintergrund eines der letzten typischen Häuser des alten Fischerdorfes.

Bronzeplastik auf dem nördlichen Neocorusplatz. Der Chronist Dithmarschens schreibt an seiner Chronik.

Zwei Steine auf dem Rasen verdienen unser Interesse, weil sie sehr eindrücklich zeigen, wie in früheren Zeiten der christliche Glaube das Leben und die Einstellung zum Tod durchdrang. *„C. H. Thießen 1824 / Ganz ermüdet von dem Kummer / dieser Weltfahrt schlief er ein, / Sanft erquickend wird sein Schlummer / Heiter sein Erwachsen sein. 2. Tim. 4,7-8“.*

Der andere Stein: *„Marg. Thiesßen, Peter Tießen, Oesterdeichstrich. Schlummre sanft, so ruft dein treuer Gatte / Seine Klage hört nicht mehr dein Ohr / Du warst das Liebste was er hatte / Tief fühlt er nun, was er an dir verlor / Seltne Tätigkeit von frühster Jugend / Führte dich durchs ganze Leben hin / Und du warst in häuslich stiller Tugend / deinem Gatten Freundin Pflegerin.“*

Schon um 1800 bot der alte Kirchhof nicht genug Platz für Bestattungen. Erst als die Pastorenwitwe Haelsen eine Summe von 960 Mark stiftete, um damit die Anlage eines neuen Friedhofes zu ermöglichen und der Platznot eine Ende zu bereiten, konnte man einen Friedhof außerhalb des Kirchenareals anlegen.

Alter Friedhof

Ein neuer Friedhof wurde 1821, an der Bahnhofstraße gelegen, eingeweiht. Inzwischen ist er nicht mehr für Erdbestattungen vorgesehen. Auf dem jetzt "Parkfriedhof Büsum" genannten Platz finden nur noch Urnenbeisetzungen statt. Während Neocorus um 1600 noch neun Geschlechter (Familienverbände) in Büsum aufzählte, enthält das Grabbuch dieses Friedhofs von 1842 nur noch acht Geschlechter. Zum Teil wurden bei der Aufteilung des Friedhofes die alten Geschlechter berücksichtigt. Im Leben der dörflichen Gemeinschaft, in der Kirche und sogar auf dem Friedhof wurden die Einwohner, selbst wenn sie verstorben waren, in gewisser Weise nach Klassen eingeteilt. Das was war einem allgemein akzeptierten Ordnungsprinzip geschuldet.

Gedenkstein auf dem Parkfriedof, dem alten Friedhof, der nur noch für Urnenbeisetzungen in Gebrauch ist.

Der bereits erwähnte Pastor Gazert erhielt auf diesem Friedhof ein Ehrengrab. Neben diesem steht auch das Grabmal für seinen Nachfolger, Pastor Thees Behrens.

In der Zeit von 1894 bis 1974 stand auf dem Friedhof eine kleine Kapelle.

Das Denkmal aus dem Jahre 1813 für dänische Matrosen, die in dem Seegefecht der schließlich siegreichen Dänen gegen die Engländer gefallen sind, wurde noch bis in heutige Zeit vom dänischen Staat betreut. Zuerst aus eichenem Schiffsbauholz, von den Kugeln des Seegefechts gezeichnet, lautete die Inschrift auf dem Denkmal. „Haedersminde for de i Soe-Traefingen for Büsum d. 3. Sept. 1813 falden Soe-Krigere Quartmr. Jurgen Christ. Olsen, Matr. Johann Meier, Andr. Tybring, Jens j. Karrebeck, Christ. Albr. Kielsen, Andr. Benzon." Anfang des des 20. Jahrhunderts wurde das Denkmal durch einen Granitstein ersetzt, den man 1860 an der Hafenmole aufgestellt hatte, wo er dem Bau des alten Leuchtturms weichen musste. Der Stein trägt folgenden Text. „Aar 1860 blev denne Steen salal Kanunerale over Ovarteermester I. Chr. Olsen og Matroserne Iohan Meyer, And. Tybring, Iens I. Karreboek, C. A. Kidsen, Andreas Betntzon, som faldt for Foedrelandet d: 3 Septbr. 1813."

Gedenkstein für die im Seegefecht vor Büsum 1813 gefallenen dänischen Matrosen.

Ein weiteres Denkmal erinnert an den schleswig-holsteinischen Befreiungskrieg 1850. Der Stein für die in diesem Krieg Gefallenen trägt folgende Inschrift: „Grabstätte für die im Seegefecht vort der Eider am 19. Sept. 1850 gefallenen Marinesoldaten H. E. Dütsch, G. A. E. Gerber, G. F. H. Blunk, G. H. Eckhoff."

Seit 1975 finden keine Bestattungen mehr auf diesem Friedhof statt. Als parkähnliche Anlage bietet er seinen Besuchern eine Stätte der Ruhe und Besinnung. Ein Gang über den alten Friedhof lenkt die Gedanken zurück in die bewegte Geschichte dieses Ortes und Landes und seinem Streben nach Freiheit und Selbstbestimmung. Die Grabstätten mahnen die Gegenwärtigen, Frieden zu halten und die Zeit als Geschenk Gottes, wie der Apostel Paulus einmal sagt, „auszukaufen", zu nutzen und dankbar zu achten.

Neuer Friedhof

Die Bestattungskultur wandelt sich und damit verändern sich auch die Friedhöfe. Friedhöfe sind Orte des Lebens, der Begegnung und Kultur. Eine Schnittstelle, um Menschen aller Generationen anzusprechen. Orte der Kommunikation. Am 18. Oktober 1913 wurde der neue Friedhof eingeweiht. Er liegt am Ortseingang an der Heider Straße. Mit der zunächst zwei Hektar großen Fläche meinten damals die Entscheidungsträger, für mindestens einhundert Jahre vorgesorgt zu haben. Die Bevölkerung Büsums und der dazu gehörigen Gemeinden der Kirch-

Friedhofskapelle auf dem (neuen) Friedhof

spielslandgemeinde, Westerdeichstrich, Oesterdeichstrich, Warwerort und Büsumer Deichhausen, wuchs – auch infolge der Kriegsereignisse – unvorhersehbar schnell. So waren in der Folge wegen höherer Sterberaten 1946 und 1958 Friedhofserweiterungen notwendig. Und schließlich ließ der Kirchenvorstand 1973 noch eine Erweiterung der Friedhofsanlage um zweieinhalb Hektar vornehmen. Das ist in der Marsch ein kostspieliges Unterfangen, weil Friedhöfe hier wie Warften angelegt werden müssen, damit Bestattungen nicht im Grundwasser vorgenommen werden. 25.000 Kubikmeter Erde wurden herangefahren, um auch diese letzte Erweiterung des Friedhofes um 1,40 Meter zu erhöhen. Die Kirchengemeinde unterhält jetzt insgesamt eine Friedhofsfläche von 5,75 Hektar. Eine Besonderheit ist, dass die Grabpflege zu etwa neunzig Prozent von Mitarbeitern der Friedhofsverwaltung ausgeführt wird. Die Bereitstellung und Unterhaltung von Friedhöfen sind hoheitliche, das heißt eigentlich rein staatliche Aufgaben. Jedoch ist es schleswig-holsteinische Tradition, dass oft die Kirche die Friedhöfe auch nach Abschaffung der Staatskirche und der damit verbundenen „Trennung von Thron und Altar“ als Ausdruck christlicher Erinnerungs- und Begräbniskultur in ihrer Hand behielten. In der Regel dürfen aber keine Kirchensteuermittel für einen möglichen Defizitausgleich im Sonderhaushalt verwendet werden. In Büsum kooperieren kommunale und kirchliche Gemeinde daher auch in diesem Bereich. Da es in Büsum keinen eigenen kommunalen Friedhof gibt, übernimmt die Kirchengemeinde damit Aufgaben für die ganze Bevölkerung des Ortes.

Das Hochkreuz wurde am Volkstrauertag 1954 seiner Bestimmung übergeben. 1965 errichtete man einen Gedenkstein für die auf See gebliebenen Fischer in der Nähe des Hauptweges. Seitlich dahinter erstrecken sich die Gräber deutscher Soldaten, die im Lazarett Hedwigenkoog ihren Kriegsverletzungen erlegen sind, sowie die Gräber von dreizehn russischen und einem polnischen Kriegsgefangenen, die Zwangsarbeit leisten mussten und die schwierigen Lebensbedingungen und Strapazen nicht überlebt haben. Sie bauten für die Erwei-

Gedenkstein für die auf See gebliebenen Fischer

terung des Hafens während des zweiten Weltkrieges den heutigen Ostdeich (früher *„Russendeich“* genannt). Sie wohnten in Baracken am Ortsrand. Im Landkreis Dithmarschen gibt es in 17 Orten russische bzw. sowjetische Kriegsgräberstätten aus beiden Weltkriegen. Das Gräbergesetz in Deutschland garantiert die Unverletzlichkeit dieser Gräber. Deshalb sind sie manchmal auch als Einzelgrabanlage auf ansonsten abgeräumten Gräberfeldern zu finden. Die Kosten für die Grabpflege übernimmt die Bundesrepublik.

Ein weiteres Gräberfeld gibt es für über der Nordsee abgestürzte deutsche und englische Piloten und Insassen von Kampfflugzeugen. Des Weiteren gibt es einen Platz für gestrandete Wasserleichen, die man nicht identifizieren konnte.

Die direkt am Eingang gelegene Kapelle wurde 1913 erbaut und 1962 grundlegend erweitert. 1983 erteilte der Kirchenvorstand den Auftrag, im Altarraum ein Mosaik zu schaffen. Nach Entwürfen des 1979 verstorbenen freiberuflich tätigen Künstlers Winfried Klau realisierte seine Witwe Urse Klau, Oberstudienrätin und Kunsterzieherin am Nordsee-Gymnasium Büsum, das Mosaik mit neun biblischen Motiven im Altarraum. In einem schmalen Band zieht es sich vom linken Seitenfenster in einer Höhe von 56 bis 73 Zentimetern an der Kapellenstirnwand bis zum rechten Seitenfenster entlang.

Von links nach rechts zeigen die Darstellungen aus der Passionsgeschichte den Judaskuss im Garten Gethsemane und die in alle Richtungen fliehenden Jünger, wie es der Evangelist Matthäus in entwaffnender Ehrlichkeit beschreibt: „Da verließen ihn alle Jünger und flohen." Die linke Innenwandseite der Altarraumnische zeigt zwei Motive zur Sündenvergebung. „Jesus und die Sünderin": Die aufgeregte Menschenmenge, dargestellt durch drohende Fäuste, verlangt Bestrafung der Ehebrecherin. Der Unglaube wird auch in der Säule mit der Kugel ausgedrückt. Doch Jesus vergibt der Frau und nimmt sie an: „Wer von euch ohne Schuld ist, der werfe den ersten Stein." Mit der nächsten Darstellung, der Rückkehr des „verlorenen Sohnes" ins Vaterhaus, wird der Gedanke der Annahme des Schuldigen weitergeführt.

Das nächste Bild, links neben dem Hauptbild an der Rückwand der Altarnische, will das neue Leben in der Nachfolge des Auferstandenen sichtbar machen: Der neue Mensch im Einklang mit der Natur, mit den Lilien auf dem Felde, den Vögeln unter dem Himmel und den Fischen im Wasser.

Das Hauptbild (73 Zentimeter hoch) zeigt die Verherrlichung Jesu. Engel tragen die Marterwerkzeuge, von denen Jesus befreit ist. Rechts daneben wieder der neue Mensch in der Nachfolge mit dem Motiv des „Sorget nicht!" nach Matthäus (Kapitel 5, Verse 25ff). Auf der rechten

Am Ende führen unsere Wege ins Licht. Ausgangstür und Orgelprospekt in der Friedhofskapelle.

Innenwandseite folgen Motive des barmherzigen Samariters und des verlorenen Schafes mit dem Thema der Liebe zum Nächsten. Und das neunte und letzte Bild zeigt eine Kreuzigungsszene mit Maria, der Mutter Jesu, und seinem Lieblingsjünger Johannes, Maria Magdalena und Maria, Mutter des Jakobus und Joseph, sowie einem Soldaten mit dem Gewand Jesu.

Urse Klau beteiligte Schüler an einfachen handwerklichen Arbeiten. Sie legten die italienischen Glas-Mosaik-Steine aus Alte Vicenza auf die Motivvorlagen. Und auch bei der endgültigen Anbringung der Mosaiken halfen Schüler des Gymnasiums.

Mit der Schaffung der Mosaiken in der wurde an die alte Büsumer Tradition angeknüpft, aus eigener Initiative und in gemeinschaftlicher Tatkraft gottesdienstlichen Raum würdig und stilvoll auszustatten. Damit schufen Lehrer und Schüler ein bleibendes Zeugnis und einen Ausdruck des Glaubens ihrer Zeit.

Die beiden Holzskulpturen an der Wand in der Kapelle, Jesus und Maria, wurden vom Fischer Wilhelm Matthiessen (30.3.1902 - 10.9.1999) geschnitzt und der Kirchengemeinde geschenkt.

Die musikalische Ausgestaltung der Trauergottesdienste erfolgt seit 1996 durch eine klassisch konstruierte mechanische Orgel, nachdem zuvor nur eine elektronische Orgel bzw. davor ein Harmonium zur Verfügung standen. Der Orgelprospekt hat das Innere der Kapelle aufgewertet und fügt sich harmonisch in die Gesamtarchitektur ein. Gebaut wurde die Orgel von L. Banzhaf in Husum/Nordsee.

Einiges über die Büsumer Pastoren und ihre Stellung gegenüber Kirchspiel und Kirchspielsvögten

Andreas Brues (um 1493 bis 1532) aus dem Wittigmannengeschlecht war einer der bedeutendsten Geistlichen. In politischen und kirchlichen Angelegenheiten erfahren und geschickt agierend, prägte er das Leben in der Gemeinde. Es gab keine Trennung von „Staat und Kirche", Kirche war als Teil der Gesellschaft vielfach verflochten mit der Lebenswirklichkeit und Lebensordnung der Menschen. Während der Selbstständigkeit der Bauernrepublik des Landes Dithmarschen bis 1559 bildeten die Gemeinden des Landes zeitweise eine eigene Landeskirche. Diese war entsprechend der Verwaltungsstruktur des „Landes Dithmarschen" in fünf Bezirke, die sogenannten Döffte, und entsprechend in vier Superintendenturen eingeteilt. Büsum zählte mit Wöhrden, Wesselburen und Neuenkirchen zur „Westerdöfft". „Döfft", hochdeutsch „getauft", bezeichnete die Getauften, die einer Kirche Zugehörigen, hier nun Menschen, die einer Kirche in einem Zentralort der jeweiligen Region zuzuordnen sind. Die Bauernrepublik Dithmarschen bestand aus insgesamt fünf Döfften: Westerdöfft, Mitteldöfft, Osterdöfft, Meldorfer Döfft und Strandmannsdöfft. Jeder Döfft stand ein Geistlicher (Superintendent) vor, zusammengefasst waren alle Geistlichen im Konsistorium (heute Konvent der Pastorinnen und Pastoren), dessen Vorsitzender der Propst in Heide war. Neben den Pastoren zählten auch die Diakone zum Konsistorium. Diakone versahen nach dem „ersten" Pastor im Kirchspiel ihren Dienst, aber waren nicht auf allen Gebieten gleichberechtigt.

Dem Konsistorium würde heute der Pastorenkonvent des Kirchenkreises entsprechen. Von 1581 bis 2009 war Dithmarschen kirchlich geteilt in die Propstei bzw. später den Kirchenkreis Norderdithmarschen und Süderdithmarschen. Norderdithmarschen gehörte nach der „letzten Fehde" (1559) mit der nachfolgenden Unterwerfung zum dänischen Herzogtum Gottorf (Schleswig), Süderdithmarschen war „königlichdänisch" (Kopenhagen). Der heutige Kirchenkreis Dithmarschen entspricht wieder dem politischen Landkreis, nachdem man kirchlich 450 Jahre geteilt war. Mit rund 80.000 Mitgliedern und seinen 29 Kirchengemeinden ist der Kirchenkreis Dithmarschen der kleinste unter dreizehn Kirchenkreisen der flächenmäßig sehr großen Evangelisch-Lutherischen Kirche in Norddeutschland, die sich von der dänischen Grenze über Hamburg bis zur polnischen Grenze erstreckt. Die Fusion der beiden Kirchenkreise wurde in Büsum am 8. Juli 2009 mit einem großen Fest, dem „größten Fest seit der Reformation" gefeiert.

Einer der einflussreichsten Pastoren war der bereits oben erwähnte Andreas Brues, dessen Grabstein an der Nordwand der Kirche steht. Brues war ein Mann mit politischem Gespür, diplomatischem Verhandlungsgeschick und großer Zielstrebigkeit, wirkte erfolgreich und wirkungskräftig sowohl im kirchlichen als auch im weltlichen Raum.

Wie die meisten Gemeinden in Dithmarschen hatte Büsum zwei Pfarrstellen, die des Pastors und die des Diakons. Das Dienstgebäude des Pastors, das Pastorat, steht nördlich der Kirche in der Kirchenstraße und ist mehrfach für die jeweiligen Erfordernisse umgebaut und erweitert worden. Seine grundlegende Architektur erhielt es bei einer umfassenden Umbaumaßnahme im Jahr 1890. Im ehemaligen Konfirmanden- und Gemeindesaal im Obergeschoss (10 Meter mal 5,40 Meter groß) haben für die Geschichte des Ortes bewegende Ereignisse stattgefunden. Das Büsumer Nordsee-Gymnasium entstand nach dem zweiten Weltkrieg aus

Das berühmte Büsumer Trinkhorn. Das Original steht in einem Museum in Kopenhagen. Es gehörte einst dem Pastor Andreas Brues.

dem hier erteilten Unterricht. Das ehemalige Männerwerk hatte dort seine großen Stunden. Unzählige Generationen der Gemeinde sind in diesem Haus ein- und ausgegangen. Wenn Mauern und Balken erzählen könnten...

Leider ist das Ziegelsteinmauerwerk durch moderne Energiesparmaßnahmen „eingepackt" worden. Die verschiedenen Bauentwicklungsstufen sind nicht mehr an der Fassade abzulesen.

Das Diakonat stand bis Ende des 19. Jahrhunderts auf der Südseite der Kirche. Nachdem es nicht mehr für kirchliche Zwecke gebraucht wurde, war es eine Weile noch eine Gastwirtschaft „Zur stumpfen Ecke". 1907 wurde das Gebäude ganz abgerissen, ein Stück großer Büsumer Geschichte fiel der Spitzhacke zum Opfer. In diesem Haus hatte einst auch Neocorus gewohnt. Die zweite Pfarrstelle war aber seit 1807 nicht mehr besetzt worden. Dafür spielten sicherlich auch finanzielle Gründe eine Rolle. Völlige Freistellung von jeglicher Nebentätigkeit und Alimentation durch feste Gehälter gab es damals nicht. Die der Kirche gehörenden Ländereien wurden von den Pastoren bewirtschaftet. Selbst eine Beteiligung an den Erlösen aus dem Strandgut kamen für die Finanzierung des Lebensunterhaltes des Pastors in Frage. Amtshandlung oder Kasualien, Taufe, Trauung, Beerdigung kosteten Gebühren, die je nach Wunsch und Ausführung erschwinglicher oder teurer waren. So gab es Beerdigungen erster, zweiter oder dritter Klasse. Seit Beginn des 20. Jahrhunderts wurde das beendet und werden die Pastoren alimentiert. Sie bezogen ein festes regelmäßiges Gehalt, das ihnen ein standesgemäßes Leben ermöglichen sollte. Sie mussten nicht mehr nebenbei Landwirtschaft, Ackerbau und Viehzucht, betreiben, um ihren Lebensunterhalt zu sichern, sondern konnten sich nun ganz ihrer pastoralen Tätigkeit widmen. Wie jeder Vorteil oder auch einen Nachteil impliziert: Es fand dadurch auch eine gewisse Entfremdung von Alltagswelt und Lebenspraxis der Gemeindemitglieder statt.

Als **Andreas Brues** als Mitglied des Wittigmanngeschlechts das alte, mythenumrankte Trinkhorn der Brandgilde erbte, ließ er dieses mit Silber beschlagen, das Familienwappen und die Namen der drei Heiligen Könige (Caspar, Melchior, Balthasar) eingravieren. Später gehörte es einem Hans Heesch, der es schließlich der Brandgilde verkaufte. Diese ließ das Horn aufarbeiten und mit dieser Inschrift (nach einem Text von Neocorus) versehen:

„Dat Wittmann Schlacht, In groter Acht,
Mi lang Tidt hebben geholden.
Hanß Hesk mi kofft, Ock Hudmann Klofft,
Wolden mi nicht beholden.
Itz de Brandgild Mi betert mild
Bi der will ich verolden.“

Die Brandgilde verwendete das Trinkhorn für ihre Festgelage. Es wurde aber auch bei Hochzeiten, Kindtaufen oder besonderen Festen der Gildemitglieder verwendet. So war es eine Art Symbol für die Gemeinschaft im Ort.

Der dänische König ließ Anfang des 19. Jahrhunderts das Trinkhorn nach Kopenhagen in ein Museum bringen. In der dortigen Sammlung vieler Trinkhörner aus dem damaligen dänischen Königreich gilt das Büsumer Trinkhorn als eines der kostbarsten. Die heutige Büüsumer Vogelgilde setzt in gewisser Weise die alten Traditionen und Rituale der früheren Brandgilde fort. Bei ihren Zusammenkünften kann man die getreue Nachbildung des Trinkhorns bewundern und „genießen", wenn es zum Beispiel beim Prinzenschießen die Runde macht. Mit dem originalen Trinkhorn würde es wohl noch fröhlicher zugehen, aber dieses kann man leider nicht aus Kopenhagen zurückbekommen. Die Geschichte des Trinkhorns ist ein kleines Beispiel dafür, wie Geschichte und Gegenwart des Ortes bis in die aktuellen populären Bräuche mit der Büsumer Kirche und ihren Pastoren verbunden ist.

Jacob Ploene haben wir bereits im Zusammenhang mit dem alten Altar erwähnt. Er hat 1455 das Deichrecht mit eigener Hand in das Landrecht eingetragen. Reimer Benning kommt als „Kerkherr" schon 1502 vor und hat noch 1535 urkundliche Nachrichten in den Kirchenbüchern hinterlassen, so dass zu vermuten ist, dass er im Zusammenhang mit der in Dithmarschen nicht immer ganz unblutigen Einführung der Reformation vom katholischen zum evangelisch-lutherischen Glauben wechselte. Die Reformation wurde 1532 in Büsum eingeführt.

Hieronymus Willemann, aus Hamburg stammend, verwaltete das Büsumer Pastorat von 1558 bis 1564. Er hat am eigenen Leib erfahren müssen, dass die Büsumer wirklich ein „wrevelich" Volk sein konnten, wie Neocorus schreibt. Menschen also, mit deren Dickköpfigkeit nicht immer leicht fertig zu werden war. Willemann beauftragte einmal beim Kirchenvorstand der Gemeinde, nicht immer nur für ein Jahr im Amt verlängert zu werden, sondern für längere Zeit. Ein verständlicher Wunsch, konnte er doch mit dem Damoklesschwert der ständig drohenden Absetzung über dem Haupt gar keinen festen Fuß in seiner Gemeinde fassen.

Trotzdem muss er ein mutiger Mann gewesen sein. In einer Predigt prangerte er eine im Gottesdienst anwesende Frau an, die ein uneheliches Kind geboren hatte und doch „in jungfräulichem Schmuck" erschienen war: „Sie säße dar nu in der Kirche mit jungfräulichen Zierden und Blumen in den Nacken; die beste Blume aber wäre weg." Sehr taktvoll war das sicher nicht von ihm.

Nun hatte der Kirchspielsvogt Grote Johan Dirksen heimlich einen anderen Pastor nach Büsum bestellt. Nun hatte er einen Vorwand, Willemann loszuwerden. Er stellte ihn öffentlich bloß. Dirksen erhob sich von seinem Platz, unterbrach Willemanns Predigt und rief: „Herut, dar is een ander gefördert; de dissen annehmen willen, de mögen et dohn, wy willen eem nich holden noch hören!" Die Mehrheit der versammelten Gemeinde folgte dem Aufruf ihres ersten Mannes. Sie verließen die Kirche und forderten Diakon Schneck auf, ihnen auf dem Kirchhof eine Predigt zu halten. Dieser lehnte das aber ab.

Willemann aber fuhr „mit betrübtem Gemüthe und tränenvollen Augen mit Erklärung des Evangelii" fort, vergaß aber dabei nicht, seinem Widersacher nachzurufen: „O grote Johan, grote Johan! Wat doh jy, idt kann kamen, da jy dit gern höreden, un nich känet." (O Grote Johann! Was tut Ihr? Es kann kommen, dass Ihr dies gern hört, aber nicht könnt!) Willemann jedenfalls musste nach diesem Eklat Büsum verlassen, wurde in Morsum auf Sylt Diakon und später Pastor auf Nordstrand. Vielleicht war er dann ja der Pastor, der durch seine moralische Strenge die Erfindung des Getränkes „Pharisäer“ verursachte. Kirchspielsvogt Dirksen wurde einige Jahre später, 1587, an derselben Stelle in der Kirche vom Schlag getroffen, von dem er dem Pastor die Predigt untersagt hatte. Am nächsten Tag starb Dirksen. Neocorus lobt seinen Kollegen Willemann als fleißigen und gottesfürchtigen Mann. Von diesem berühmten Büsumer Kirchenstreit ist ein Spottgedicht in lateinische Sprache überliefert, das durchs ganze Land ging:

Scrutator cordis, Deus, o fortissime divum
Tandem HIERONYMI sis memor, oro, tui.
Constat pro grege, quod pretioso sanguine Christi,
Parto certarim perditione mei:
Pulsus in exilium, quia crimina foeda Busani
Perpetrata diu dicere jussus eram.
Hinc odium coepit (mala gens male docta) plerisque
In me Pastorem legitimumque Patrem.
Quid multis? Literae produnt quas tota Corona
Fratris Spelbergi propria dextra dedit.
Quo me convertam Terrarum sancte Creator,
Te sine nil valeo, nil ago, nilque queo.
Conforta miserum, misero sis & auxiliator
Imbelli praestes robur, opemque foras.
Conjuge dilecta Dominumque Deumque timente
Prolibus, ex hac & me Babylone voca.
Sic te perpetuo celebrado carmine justo
Haec elegia velut te comitante, facit.

H.W.H. Anno 67

Die Initialen der Unterschrift stehen für Hieronymus Willemann Hamburgensis.

Die Übersetzung des im Versmaß von Distischen verfassten Spottgedichts lautet etwa so:

Erforscher des Herzens, Gott, Mächtigster der Götter,
erinnere dich endlich deines Hieronymus, ich flehe dich an.
Es steht fest für die Gemeinde, dass ich – nachdem das kostbare Blut
Christi erworben wurde – gestritten
habe durch meine Schuld;
Ins Exil bin ich vertrieben worden, weil ich mich gezwungen sah,
scheußliche Verfehlungen in Büsum lange anzuprangern.
Hieraus begann der Hass (ein schlechtes Geschlecht, schlecht gebildet)
Für die meisten gegen mich, ihren Pastor und rechtmäßigen Vater.
Warum für viele? Ein Brief verrät es, den hat die ganze Gruppe
Des Bruders Spelberg sich zu eigen gemacht.
Wohin auf Erden soll ich mich wenden, heiliger Schöpfer,
Ohne dich vermag ich nichts, kann ich nichts.
Stärke den Elenden, sei dem Elenden ein Helfer,
einem Feigen verleihe Kraft und bringe Hilfe.
Weil die treue Gattin den Herrn und den Gott fürchtet,
Rufe mich aus diesem Babylon.
So werde ich dich fortwährend mit einem gebührenden Lied preisen,
diese Elegie bewirkt das gleiche, wie wenn du mich begleitest.

Johann Adolf Köster, genannt **Neocorus**, war ohne Zweifel, geschichtlich gesehen einer der bedeutendsten Pastoren Büsums. Er kam im Nachbarort Wöhrden zur Welt. Der Mode seiner Zeit entsprechend, nannte er sich unter Weglassen des Nachnamens nach dem Vornamen des Vaters, also Johann, des Adolph Sohn: Johann Adolphi. In nordischen Sprachen, aber auch im Hebräischen ist das eine häufige Gepflogenheit. Neocorus ist die latinisierte Form von Köster. Bevor er als Pastor nach

Büsum kam, war er im Schuldienst, der stets auch mit dem Küsterdienst verbunden war.

Seine Antrittspredigt hielt er in Büsum am 25. Januar 1590 über Matthäus 19, 27-30 „Vom Lohn der Jünger“. Schon als Lehrer pflegte er hin und wieder zu predigen. Auch Neocorus hatte in Büsum keinen leichten Stand. Allein schon die Umstände seiner Wahl bereiteten Schwierigkeiten.

Der Superintendent, Marcus Wrange, wollte lieber einen anderen Kandidaten als zweiten Pastor nach Büsum schicken, nämlich den Rektor der Schule in Neuenkirchen. Aber oberbehördliche Bevormundung hat die Büsumer schon immer gereizt und auf die Palme gebracht. So waren sie aus Prinzip gegen den Vorschlag des Superintendenten. Dieser bemühte sich dann nach Scheitern seines ersten Vorschlages, den Ehemann seiner Stieftochter, einen Diakon in Hemme, als Pastor in Büsum zu installieren. Auch dieser Versuch schlug fehl. Und zuguterletzt wollte der herzogliche Fürstenhof in Gottorf – zwei Tage vor der geplanten Wahl des Neocorus – einen Herrn in diesem Amte unterbringen, der andernorts wegen Trunksucht entlassen worden war. Wegen seiner Beharrlichkeit wäre Büsum fast das Recht, sich seine Pastoren wählen zu dürfen, das jus patronatus, genommen worden.

Neocorus, dann doch gewählt, kam dann nicht ohne Streitigkeiten mit dem Kirchspielsvogt aus. Es ging um die sogenannte Residenzpflicht, die Verpflichtung, in der jeweiligen Dienstwohnung vor Ort, die mit der Pastorenstelle verbunden war, zu wohnen. Neocorus hatte 1617 Haus und Hof von Verwandten geerbt und wollte dorthin ziehen, weil ihm das Diakonat auch zu klein geworden war. Das andere Haus hatte auch Raum für sein Vieh. Dann bot Neocorus an, auf eigene Kosten das Diakonat zu vergrößern und die Kosten dafür selber zu tragen, wenn er schon nicht ausziehen durfte. Seine Gegner meldeten das dem vorgesetzten Superintendenten Wrange, für den Neocorus ohnehin ein rotes Tuch war. Man

Karte mit den bei Büsum eingedeichten Kögen. Am Bau einer Verbindung der Insel Büsum zum Festland, dem Wahrdamm, war auch Neocorus beteiligt.

meldete kurzerhand, Neocorus habe gekündigt. Sein neidischer Kollege, Vorstius, soll sogar das Gerücht unterstützt haben, um Neocorus loszuwerden. Man wählte heimlich einen anderen Diakon zum Nachfolger von Neocorus. Zwanzig Abgeordnete der hinters Licht geführten Gemeinde beschwerten sich beim Superintendenten und dem Landvogt in Heide, wurden aber mit ihrer Klage abgewiesen. Doch die hohen Herren schienen die Büsumer immer noch nicht zu kennen. Denn diese wandten sich in ihrer Wut an den Herzog auf Schloss Gottorf bei Schleswig. Eine

Das Alte Pastorat und Gemeindehaus. Die Fassade des Pastorates wurde vom preisgekrönten Architekten des Gemeindehauses Friedrich Wilhelm Hain aus Neumünster entworfen. Um 1979.

herzogliche Kommission beschied dann schlussendlich, Neocorus dürfe sein Haus beziehen, müsse dann aber für das halbe Gehalt arbeiten.

Ein anderes Mal sah es für den später berühmten und hoch gelobten Chronisten Dithmarschens nicht gut aus. Er war bekanntlich an der Festlandwerdung der Insel Büsum maßgeblich beteiligt, musste wie alle anderen Hand- und Spanndienste leisten, als der Damm zum Festland nach Reinsbüttel geschlagen wurde. Tatkräftig arbeitete der Pastor mit und nahm selbst den Spaten in die Hand. Beim Dammbau schlug er einmal mit dem Spaten nach dem Wagentreiber, einem kränklichen Schneiderjungen, traf diesen aber nicht. Trotzdem soll der Junge sich so erschrocken haben, dass er vor Schreck niederfiel und starb. Den heftigen Anschuldigungen seiner Gegner konnte Neocorus nur entgehen, indem er Zeugen für seine Unschuld benennen konnte.

Die erste Chronik Dithmarschens aus seiner Feder ist ein zweibändiges Werk in sieben Teilen. In diesem Buch hat er alles Wissenswerte aus dem Leben der Dithmarscher bis zum Jahr 1620 zusammengetragen. Die Sprache und die Darstellung des plattdeutsch geschriebenen Werkes zeigen Neocorus als wahren Dithmarscher, mit viel Wirklichkeitssinn, als einen Mann von aufrechtem Charakter, bereit, um der Wahrheit willen auch unbequeme Dinge offen auszusprechen. Seine sehr ausführliche, ins Detail gehende Beschreibung seiner Heimat und Landsleute bietet eine anregende Lektüre und lässt größeres Verständnis für das alte Dithmarschen, für Land und Leute gewinnen, von denen man auch heute noch hört, sie könnten das Räubern nicht lassen, nur überfielen sie keine vorbeisegelnden Schiffe mehr, sondern nähmen lieber die Kurgäste aus. Aber – so scheint es – diese lassen sich das gern gefallen. Jedenfalls kommen sie meistens wieder.

1598 war seine Popularität so groß, dass Neocorus es erreichte, den verhassten Kirchspielsvogt Peter Kruse, dessen Kirchenstuhl noch in der Kirche erhalten ist, abzusetzen. Bei der „letzten Fehde", 1559, als Dithmarschen seine Freiheit und Selbstständigkeit verlor, soll Kruse geflohen sein, um der Gefahr zu entgehen. Sein eigener Vater schimpfte ihn einen Feigling: „Schlagt den Hund nieder! Schlagt ihn tot!" Durch geschickte Intrigen und Schmeicheleien verstand er es aber, Günstling des Landvogts und Landschreibers zu werden. Er ernannte ihn zum zweiten Kirchspielsvogt in Büsum. Sein unmögliches Benehmen ist vielfach bezeugt. In der Kirche spielte er den großen Herrn. Predigte der Pastor zu lange, dann schlug er heftig mit dem Stock auf den Boden. Den Pastor verunglimpfte er durch dumme Redensarten. Ihm wurden Ehebruch und andere Vergehen zur Last gelegt. Und doch fiel es den Büsumern schwer, ihn loszuwerden. Sein Ruf war so schlecht, dass er in Heide am Papagojenbaum (Vogelstange) als Schelm und Dieb auf dem Wochenmarkt lächerlich gemacht wurde. Aber der Landvogt, Dr. Christian Boje, und der Landschreiber, Johannes Rasch, hielten zu ihm, bis er endlich auf Betreiben von Neocorus abgesetzt werden konnte.

Neocorus war unparteiisch. Als einer seiner Freunde versuchte, das Amt des Vogts zu erlangen, unterstützte er ihn nicht, weil er ihn für ungeeignet hielt. So wurde aus dem einstigen Freund ein neuer Feind. Claus Bulm, von 1608 bis 1624 Kirchspielsvogt in Büsum, nahm den Tod des Wagentreibers, der bei großer Hitze beim Wardammbau tödlich verunglückt war, zum Anlass, gegen Neocorus Stimmung zu machen. „Es kann der Frömmste nicht in Frieden leben, wenn es dem bösen Nachbarn nicht gefällt.“ Dieses Sprichwort bewahrheitete sich schließlich auch bei Neocorus. Bulm hatte über Jahre die Stimmung gegen Neocorus so aufgeheizt, bis er schließlich 1624 abgesetzt wurde.

Sporadische Eintragungen in den Kirchenbüchern zeigten, dass Neocorus dennoch Vertretungsdienst übernehmen konnte. Erst 1630 enden seine handschriftlichen Eintragungen in dem Buch der Armengilde, die er einst selbst gegründet hatte. Vermutlich ist er in diesem Jahr gestorben.

Nicolaus Helmke wurde 1761 in Büsum zum Pastor gewählt. Er heiratete am 23. September 1762 die Witwe seines Vorgängers: „Die vergnügte Ehe mit seines Vorwesers, Hr. Masii Gottfried Bumpen, nachgelassene Witwe, Fr. Christina, des Hrn. Pastoris Joh. Reinhard von Sommen Tochter, ... gab ihm einen neuen Muth und Eifer, seinem Amte wohl vorzustehen, da ihm die Sorge vor seine Hausangelegenheiten von seiner Gattin abgenommen wurden.“

Was man diesen Zeilen nicht entnehmen kann, er hat durch die Heirat Kosten einer Witwenrente gespart, die damals vom amtierenden Pastor mitgetragen werden musste. „Gott kröne den Hrn. Pastoren mit beständigen Glückseligkeiten, und lasse ihm alle Gnade zur fernern Verwaltunge seines Amtes angedeihen.“

Johann Christian Gazert haben wir bereits im Zusammenhang mit dem Votivschiff „Der milde Herbst" der Kirche erwähnt. Er war von 1807 bis 1841 Gemeindepastor in Büsum. 1772 wurde er in Lunden / Dithmarschen geboren, wo sein Vater eine Pfarrstelle verwaltete. An der Johanniskirche auf der Nordseeinsel Föhr war Gazert Diakon, bis er 1807 nach Büsum kam. Er war auf Föhr nur kurze Zeit verheiratet gewesen, seine Frau starb. Er heiratete nicht wieder, sondern ließ seine familiäre Fürsorge ganz seinen Verwandten zukommen.

Von seinem Vater erbte er eine silberne , innen vergoldete Taufschale in Form einer Branntweinkumme, die je nach Interesse der amtierenden Pastoren auch heute noch zum Beispiel bei Haustaufen verwendet wird. Diese Taufkumme ist ein seltenes Exemplar friesischen Brauchtums. Man nannte solche Schalen auch „Gott" oder „Teufel". Gott, solange Taufwasser in der Schale war, „Teufel", wenn zum anschließenden Umtrunk Branntwein in die Schale gegossen wurde. Auch bei Hochzeiten wurde die Schale benutzt. Man löffelte den Schnaps aus der Schale und ließ sie kreisen. Allerdings hatte die Braut das Vorrecht, ihrem Bräutigam selbst „einen zu löffeln". Vermutlich, damit die Hochzeitsnacht zufriedenstellend verlaufen konnte. Daher auch die sprichwörtlich gewordene Redensart: „Damit er sich nicht zu viel herausnimmt."

Zur dreihundertsten Wiederkehr der Reformation Martin Luthers und seines Anschlags der 95 Thesen an die Schlosskirchentür zu Wittenberg schenkte Gazert die als Erbstück auf ihn gekommene Schale der Büsumer Kirche. Peter Härtrich, ein bekannter Goldschmied des 17. Jahrhunderts, hat die Taufschale gearbeitet. Eingraviert sind diese Inschriften: „Die Gemeinde zu Schlichten hat Ihren Pastoren Herren Mauritius Matthiae dieses Hochzeits Geschenke Ver Ehret. Baumeister Peter Barse und Claus Harrings Anno 1688."

Ein Nachruf in der heimischen Presse kennzeichnet Gazert so: „Er zeichnete sich durch Freundlichkeit und Milde seines Wesens, durch Wahrheit und Biederkeit seines Wandels, sowie durch große Treue in seinem Berufe aus, weshalb er die Liebe Aller, welche mit ihm ihn in Verbindung kamen, sich zu erwerben wußte und von seiner Gemeinde als ein Vater verehrt ward."

Unzählige Anekdoten kursierten noch lange über den langjährigen Pastor **Hermann Heesch** (1866-1948). Er war von 1892 bis 1936 Pastor in Büsum. Vom 1. April 1902 war Heesch zugleich auch Propst für die damalige Propstei (Kirchenkreis) Norderdithmarschen. In seine vierundvierzigjährige Amtszeit fällt auch der Übergang von der preußischen Staatskirche in die rechtlich selbstständige lutherische Landeskirche in Schleswig-Holstein. Die preußischen Könige waren in der Regel „summus episkopus", der „höchste Bischof" dieser Kirche. Die schleswig-holsteinische Landeskirche hatte immer einen Sonderstatus. Sie war nicht in die preußische „unierte" Kirche von Lutheranern und Reformierten integriert. Aber dennoch war sie Staatskirche mit Berliner Oberaufsicht für das Land zwischen den Meeren. Das Vollzugsorgan war das königlich-

"Himmelwärts". Der um 1980 für Reparaturen eingerüstete Dachreiter der Kirche. Wurde von einigen liebevoll "Gebetsabschussrampe" genannt.

preußische kirchliche Konsistorium in Kiel, das Landeskirchenamt mit Kollegialprinzip. Das Gebäude des Kirchenamtes am Sophienblatt wurde im zweiten Weltkrieg zerstört. Und an der Basis übten Pastoren staatliche Macht im schulischen und standesamtlichen Bereich aus. Ihnen waren diese hoheitliche Aufgaben übertragen. In Skandinavien noch bis Ende des letzten Jahrhunderts selbstverständlich. Sie hatten standesamtliche Funktionen, Siegelrecht, die geistliche Schulaufsicht usw. So war Propst Heesch auch „königlich-preußischer Schulinspektor". Darin gründete das viele Jahrzehnte andauernde Misstrauen der Lehrer in Dörfern gegenüber dem jeweiligen Pastor.

Heesch war in seiner Person und Amtsfunktion den Einwohnern ein Fels in der Brandung, Bürge einer bleibenden Ordnung, die auch in einer von Krisen erschütterten Zeit Orientierung und Halt gab. Heesch war, wie sein Nachfolger Christiansen, der in jungen Jahren auch gerne Uniform trug, Mitglied der NSDAP, der „Nationalsozialistischen Deutschen Arbeiterpartei" wie fast alle, die mit der faschistischen Ideologie, im Grunde einer „Quasi-Religion", Hoffnungen und Visionen für ihre und des Landes Zukunft verbanden oder schließlich Mitglied sein mussten, um ihre materielle Existenz zu behaupten. Heesch trug das Parteiabzeichen, wie man sich erzählte, „unter dem Revers", also nicht offen, wahrscheinlich um nicht zu provozieren, sondern allen Menschen seiner Gemeinde Pastor sein zu können.

In den Erzählungen, die es über Propst Heesch lange Zeit gab, spielte allerdings meistens seine resolute Frau, „de Pastersche" oder „Frau Pastor" die Hauptrolle. Sie hat durch ihr energisches Durchgreifen und Verhalten vierundvierzig Konfirmandenjahrgängen, die zum Konfirmandenunterricht im großen Saal im Obergeschoss des Pastorates an der Kirche die Treppe im Pastorat auf- und niedertrampelten und schmutzig machten, Respekt eingeflößt.

Konsistorialrat und Propst Hermann Heesch wurde am 23. Oktober 1948 unter großer Beteiligung der Bevölkerung auf dem neuen Friedhof nach einem Trauergottesdienst in der Kirche, den Propst Peters aus Heide hielt, beigesetzt.

Sein Nachfolger, **Nikolaus Christiansen** (1891-1973), war von 1936 bis 1956 im Amt. Der spätere Ehrenbürger der Gemeinde Büsum hat am Wiederaufbau Büsums nach dem zweiten Weltkrieg entscheidenden Anteil und hat sich dadurch ein hohes Ansehen erworben. Sein großes diplomatisches und politisches Verhandlungsgeschick, seine Tatkraft und seine intellektuelle Begabung verschafften ihm die Anerkennung und Verehrung der Menschen, die ihm begegneten.

Als junger Mann meldete er sich begeistert als Freiwilliger zum Kriegsdienst. 1915 wurde er in Russland verwundet. Noch im Lazarett, nahm er 1916 das Theologiestudium auf. Er studierte von 1916 bis 1920 an der Kieler Christian-Albrechts-Universität Theologie. Von 1921 bis 1925 war er Gemeindepastor in Kiel-Holtenau, von 1926 bis 1933 Konsistorialrat im Landeskirchenamt der Evangelisch-Lutherischen Kirche in Kiel. 1933 wurde er dessen geistlicher (theologischer) Vizepräsident. Er verfügte über gute Kontakte zu der von den Nationalsozialisten geprägten Reichskirchenregierung der Deutschen Evangelischen Kirche (DEK) in Berlin, die ihn schließlich für ihre Aufgaben gewinnen und von Kiel „ausleihen" wollte. Das führte zu einem Machtkampf mit seinem juristischen Kollegen, Dr. Christian Kinder. Kinder verfügte ebenso wie Christiansen über sehr gute Kontakte zur Reichskirchenregierung. So war Kinder von 1933 bis 1935 zugleich „Reichsleiter der Deutschen Christen". Die „Deutschen Christen" (DC) verfolgten damals mit – aus heutiger Sicht – einiger Naivität das Ziel, eine lutherische Reichskirche zu schaffen. „Der Nationalsozialismus ist die Vollendung des Werkes, das der deutsche Reformator begonnen hat." (Godesberger Erklärung v. 26.3.1939) Der Machtkampf der beiden Konsistorialräte führte dazu, dass Christiansen vom Kollegium des Landeskirchenamtes in den einstweiligen Ruhestand versetzt und Kinder Präsident des Kirchenamtes wurde. Daraufhin bewarb Christiansen sich in Büsum und wurde dort 1936 Gemeindepastor.

1945 waren über tausend deutsche Wehrmachtsoffiziere als britische Kriegsgefangene interniert. Christiansen engagierte sich für sie, sorgte für Kleidung, Nahrung und Bildung. Er hatte den „Kairos“, die historisch günstige „Stunde“, erkannt, die Zeit, die Menschen verschiedenster Begabungen und unterschiedlichster Prägung in einem so kleinen Ort zusammengeführt hatte. Er wollte im übertragenen Sinne Neues auf den Ruinen des „Dritten Reiches“ aufbauen. Es muss ein starker Charakter sein, der, wenn all seine Hoffnungen mit großem Leiden sich als Irrtum erwiesen, neue Tatkraft aus dieser Erfahrung schöpfte. Nicht aufzugeben, sondern neu anzufangen, das ist Ausdruck tiefsten christlichen Glaubens. Anders als die alten Römer: „Si fractus illabatur orbis, Impavidum ferient ruinae.“ (Horaz, Oden) „Ob berstend auch einstürzt der Himmel, Stirbt in den Trümmern der Held doch furchtlos.“ Christiansen „blühte“ geradezu auf.

Christiansen gründete die erste deutsche Nachkriegsvolkshochschule, die am 6. Februar 1946 mit dem ersten Semester ihre Arbeit aufnahm. Die Volkshochschule war zunächst eine Einrichtung der Kirchengemeinde. Ihre Arbeit war laut Christiansen beispielgebend für andere Einrichtungen dieser Art im ganzen Land. Darum fand 1948 die Jahrestagung des Landesverbandes der Volkshochschulen in Büsum statt, eine Ehrung und Anerkennung der Verdienste Christiansens, der 1954 Landes- und 1955 Bundesvorsitzender des Deutschen Volkshochschulverbandes wurde.

Unterstützte Christiansen schon die Kriegsgefangenenoberschule in Büsum, die von 1945 bis Mai 1946 bestand, so wurde durch Initiative der Eltern und auf Betreiben Christiansens Ostern 1947 die erste Oberschulklasse Büsums im Pastorat eingerichtet. Bis 1950 gab es nur den Konfirmandensaal darin als einzigen Unterrichtsraum für die neue Schule. Zwei Studienrätinnen, selbst als Flüchtlinge nach Büsum gekommen, erteilten 25 Schülern Unterricht. Die Kosten der Schule wurden von den Eltern getragen. 1953 wurde die Schule dann als „Vollanstalt" vom Kultusminister anerkannt. Der bleibende Auftrag des Büsumer Gymnasiums bis heute: Die Erfassung der Bildungsreserven der Nordermarsch.

Am 26. September 1947 rief Christiansen das Büsumer Wohnungswerk ins Leben, das in einer Art Selbsthilfeaktion den Einwohnern und Vertriebenen aus den Trümmern in Hamburg in Büsum ein Dach über dem Kopf schaffen sollte. Diese Häuser wurden lange noch „de Pasterhüüs" genannt.

Bei den Festveranstaltungen zum fünfzigjährigen Bestehen des Büsumer Fischereivereins hielt der rührige Pastor am 4. Februar 1948 im Ballsaal des Heider Ball- und Konzerthauses „Tivoli" den Festvortrag, zugleich ein Beweis für das Ansehen und das Vertrauen, das Christiansen in der Bevölkerung genoss. Anlässlich dieses Ereignisses wurde beschlossen, für die auf See gebliebenen Fischer eine Gedenkstätte auf dem neuen Friedhof zu schaffen.

Als Vertreter eines der freiesten Berufe unserer Gesellschaft hat Christiansen in einer Zeit des Umbruchs aller Werte die Chancen des Pastorendienstes ergriffen. Gerade weil sein Beruf nicht bis ins kleinste Detail festgelegt ist, sondern Raum für Anpassungsprozesse und Innovation freihält, konnte er den „Kairos" erkennen und so in der Zeit großer Not segensreichen Dienst an den ihm befohlenen Menschen üben.

Ein Beruf mit so offener Rollenbestimmung und die guten Traditionen der Kirche konnten und können gerade die Aufgaben angehen, die in der Routine, Bürokratie oder Krise sonst von niemandem wahrgenommen werden und unbewältigt bleiben müssten.

Christiansen starb, dreiundachtzigjährig, 1973 in seiner Heimat Kiel, in der er auch seinen Ruhestand verlebt hatte. Abordnungen der Kirchengemeinde unter Leitung ihres Kirchenvorstandsvorsitzenden und Direktors des Gymnasiums Dr. Theodor Link und der Gemeindevertretung des Büsumer Kirchspiels mit seinem Bürgermeister geleiteten ihn zu seiner letzten Ruhestätte auf dem Holtenauer Friedhof und erwiesen ihm die letzte Ehre.

Christiansen war ohne Frage eine sehr starke Persönlichkeit, die sich auch nicht scheute, nach dem Motto zu leben: „Tue Gutes und rede darüber!" Aber narzisstische Regungen gehören nun einmal auch zu solchem Beruf wie dem des evangelischen Pastors, der ständig auf unterschiedlichsten Bühnen seine Auftritte hat und zuweilen genießt.

Inzwischen ein seltener Anblick. Kirche im Schnee.

Fridberd Zarnack (1904-1969) wurde am 7. Oktober 1956 als Pastor in sein Amt eingeführt. Es ist nicht leicht, einem populären, machtbewussten und umtriebigen Vorgänger im Amte nachzufolgen. Von Zarnack sprach man von einem „swatten Paster", einem schwarzen, das heißt sehr „frommen" Pastor, durchaus auch mit Respekt. In seine Amtszeit fallen eine umfassende Renovierung des Kircheninneren, vor allem die Entfernung fast aller Familienlogen, die Restaurierung, ja die Rettung des gotischen Gewölbes im Chorraum im Jahre 1958, der Einbau der inzwischen ersetzten Kemper-Orgel, die am 6. November 1960 in einem Festgottesdienst in Gebrauch genommen wurde und die Erweiterung der Friedhofskapelle auf dem neuen Friedhof. Sie wurde am 4. März 1962 eingeweiht. Pastor Zarnack führte die damals neue Gottesdienstordnung der Schleswig-Holsteinischen Landeskirche (Lutherische Messe nach Agende I) ein und ließ die Gemeinde auch zu Trauergottesdiensten in der Friedhofskapelle Choräle singen. Da die meisten alteingesessenen Gemeindemitglieder Veränderungen nicht gerade schätzten, machte sich Zarnack mit diesen Neuerungen nicht nur Freunde.

Zarnack, ein einfühlsamer, sensibler und hilfsbereiter Mann, schied aus gesundheitlichen Gründen am 1. April 1965 vorzeitig aus Krankheitsgründen aus dem Amt. Würdigende Worte fand der Kirchenvorstand bei seiner Verabschiedung auch für seine Frau, Irmgard Zarnack, die sich vor allem als „Frau Pastor“ in der Kinder- und Jugendarbeit sehr engagiert hatte. Sie galt noch lange, auch als Witwe, als kirchliche graue Eminenz in Büsum, wo sie bis zu ihrem Tod lebte und „wirkte“.

Am 16. Mai 1965 wurden **Karsten Sohrt** und **Manfred Küchenmeister** als Pastoren in ihr Amt eingeführt. Nach 159 Jahren wurde die auf fünftausend Einwohner angewachsene Gemeinde wieder von zwei Pastoren betreut. Man hatte die Gemeinde in zwei Pfarrbezirke eingeteilt, Sohrt mit Dienstsitz im alten Pastorat an der Kirche übernahm den Ostbezirk mit den Außendörfern Oesterdeichstrich, Warwerort und Büsumer Deichhausen, Küchenmeister mit Dienstsitz in einem Haus in der Otto-Johannsen-Straße den Westbezirk mit Westerdeichstrich.

Mit diesen beiden jungen Pastoren fand für die Gemeinde ein ungewohnter Generationenwechsel statt. Wurde sie über viele Jahrzehnte von älteren, amtserfahrenen Pastoren, ja von Patriarchen geleitet, musste sie sich jetzt an sehr junge, mit Sohrt vor allem auch unkonventionelle Pastoren und neue Wege der Gemeindearbeit gewöhnen. Sie brachten frischen Wind in die Gemeinde. Küchenmeister, viele Jahre auch stellvertretender Propst, initiierte den Kindergarten im „Spatzenweg", an den Tennisplätzen gelegen. Beliebt waren seine Jugendfreizeiten auf der „Hohburg" am Westensee bei Kiel, einem Haus im Wald ohne Strom- und Wasseranschluss. Seine Frau leitete die Frauenarbeit. Sohrt galt als sehr guter Prediger. Sein Schwerpunkt war die Jugendarbeit. Er war auch Vorsitzender des Ortsjugendringes. Er unternahm u. a. Jugendreisen nach Frankreich im Zusammenhang mit der Kriegsgräberfürsorge und nach Schottland. Er knüpfte im Auftrag von Propst Uwe Steffen aus Heide den Kontakt zu dem dann ersten Kurseelsorger Deutschlands, Oskar Behrens, um ihn für Büsum zu interessieren. Innovativ war das Konfirmandenkurssystem, das die beiden Freunde einführten. Der Seniorenkreis „Freitagsrunde" ist auch gegenwärtig noch eine Säule der Gemeindearbeit, der ohne die jahrzehntelange musikalische Begleitung von Hildegard Hansen am Stutzflügel auf der Bühne des modernen Gemeindehauses lange Zeit nicht denkbar gewesen wäre.

Mit **Bärbel Wiebicke** gab es zum ersten Mal eine Pastorin in der Gemeinde und in Dithmarschen überhaupt. Anfängliche Skepsis wich schnell, als sich herumsprach, dass sie bei den zahlreichen Festen, Jubiläen und Geburtstagen einen Schnaps nicht verschmähte. Dennoch hatte sie es anfänglich nicht leicht, gegenüber der dominierenden Männergesellschaft zu bestehen. Sie war eine mitfühlende Seelsorgerin mit großer Empathie, vor allem beliebt wegen der wichtigsten Tätigkeit der Pastoren für die Einheimischen, nämlich „gute" Beerdigungen zu gestalten und einfühlsame Trauerreden zu halten. Einer der Schwerpunkte ihrer Arbeit war die Seniorenarbeit, die Leitung des Altenkreises „Freitagsrunde" und die Durchführung von Seniorenreisen. Sie initiierte auch das „Frauenfrühstück“. Mit ihrer offenen und zugewandten, gastfreundlichen und herzlichen Wesensart prägte sie fast vierzig Jahre lang die Gemeinde. Mit ihren Gottesdiensten und Amtshandlungen, den sogenannten Kasualien (Taufen, Trauungen, Beerdigungen), begleitete sie viele Familien über Generationen seelsorgerlich und hat die Zuneigung eines großen Teils der Einwohner erworben.

Jan Steffens war ein populärer Pastor, Generalist im besten Sinne. War nicht nur beim Wattlaufen anzutreffen, sondern auch auf Vereins- und Familienfesten, trat als Festredner bei der Feuerwehr auf, veranstaltete Gottesdienste in hoch- und plattdeutscher Sprache in der Kirche oder unter freiem Himmel. In seinem Wirken zeigten sich auch in dieser Zeit die guten alten Büsumer Traditionen. Seiner Initiative zu verdanken ist auch der Grundstückserwerb, auf dem das Haus der Familie Brunnemann stand, Wand an Wand mit dem Glockenturm. Es musste abgerissen werden. Jetzt ist das Grundstück eine Erweiterung des nördlichen Neocorus-Platzes. Er war auch Initiator für die Realisierung der eindrucksvollen Neocorus-Plastik und deren Finanzierung durch die Hedi und Wilhelm Schmidt-Engels-Stiftung. Die Büsumerin Hedi Engels und ihr Mann Wilhelm Schmidt hatten als Anerkennung dafür das Privileg, die Bronzeplastik an Pfingsten 2009 zu enthüllen.

Nach der Kirchenwahl folgte im September 1965 die Einführung der neuen Kirchenvorsteher. Mit der Wahl des Büsumer Arztes **Dr. Hans Jochims** (1905-1979) wurde zum ersten Mal in der Geschichte der Schleswig-Holsteinischen Landeskirche ein „Laie“ zum Kirchenvorstandsvorsitzenden und gewissermaßen „Chef“ der Kirchengemeinde gewählt. Und das sicher nicht nur aus Gründen der Generationenkontinuität, die mit so jungen Pastoren nicht gegeben war. Jochims, von den

Büsumern liebe- und respektvoll „Dokter Juchens“ genannt, war bereits seit 31. Mai 1953 Mitglied des kirchenleitenden Gremiums. Nein, es werden das traditionelle Selbstbewusstsein und die Mentalität der Menschen entscheidend dafür gewesen sein. Nach dem Motto: „Wenn wi uns all wählen loot, denn wöllt wi ok wat to seggn hebbn.“ Über dreizehn Jahre bekleidete Jochims dieses Amt – bis einen Tag vor seinem Tod. Er genoss das Vertrauen und den Respekt breiter Kreise der Bevölkerung und war in seiner Person Symbol der Verbundenheit von Kirche und Gesellschaft im Kirchspiel, Volkskirche par excellence. An seinem 70. Geburtstag, dem 11. Mai 1975, bot sich dem Kirchenvorstand die Gelegenheit, Dr. Hans Jochims in einem Festakt für seine unermüdliche Einsatzkraft und sein uneigennütziges Handeln am Dienst am Nächsten zu danken. Ihm, der später selbst, schon krank und fiebernd, als Arzt in der Gemeinde unterwegs war, der „in den Stiefeln sterben“ und keine das Leiden verlängernde Therapie wollte.

Die ersten in Büsum ausgestellten Reifezeugnisse (1946) trugen das Siegel des Sankt Clemens. Der Anker wurde damals den deutschen Soldaten der Oberschule „zum Symbol des Weges in ein neues Leben friedlicher Arbeit“ (Christiansen). Als Symbol der Hoffnung hat sich der Anker in der Geschichte der Gemeinde immer wieder im Leben und Glauben der Einwohner festgemacht. Möge die Kirche in Büsum auch in Zukunft nicht nur räumlich im Zentrum der Gemeinde liegen, sondern auch im Bewusstsein und Glaubensleben der Einwohner und Gäste des Ortes ihren festen Platz haben.

Die Pastoren Büsums

Inhaber der ersten Pfarrstelle

(früher auch Hauptpastoren)

um 1442-1455	Jacob Ploene (Osterwurdinggeschlecht) *(Seite 120)*
um 1493-1532	Andreas Brues (Wittingmanngeschlecht) *(Seiten 63, 119)*
1535-1539	Johannes Visbecke (Fischbeck)
1539-1542	Johannes Grevenbrock
1542-1550	Johannes von Utrecht (Trajectinus)
1550-1553	Johannes Brues
1554-1557	Johannes Bolch (Bollichius)
1558-1564	Hieronymus Willemann *(Seite 120)*
1564-1585	Jacob Budeus (Osterkluft) *(Seite 66)*
1586-1614	Nicolaus Dirsen (Theodricus, Hersenkluft)
1614-1618	Martin Vorstius
1618-1648	Nicolaus Dirsen (Sohn des oben genannten)
1648-1657	Marcus Johannes
1657-1672	Peter Lange
1672-1676	Kaspar Ursinus
1676-1679	Peter Wilde
1680-1693	Abraham Gäncher
1693-1698	Reinhold Claussen
1698-1730	Andreas Steinfeld
1730-1756	Tobias Krohn
1757-1761	Maas Gottfried Bump
1761-1791	Nicolaus Helmke *(Seite 128)*
1791-1793	Thomas Petersen
1793-1806	Carl Johann Theodor Hälsen
1807-1841	Johann Christian Gazert *(Seite 129)*
1841-1869	Thees Behrens
1869-1874	Jacob Hinrich Jacobsen
1874-1876	Karsten Kühl
1876-1886	G. Hinrichs
1887-1889	Gustav Heinrich Harloff
1889-1892	Christian Stubbe
1892-1936	Hermann Heesch *(Seite 130)*
1936-1956	Nikolaus Christiansen *(Seite 130)*
1956-1965	Fridberd Zarnack *(Seite 135)*
1965-1972	Karsten Sohrt *(Seite 136)*
1973-1985	Rainer Thun
1987-2012	Jan Steffens *(Seite 138)*
2013-2017	Heiko Boysen
seit 2017	Ina Brinkmann

Inhaber der zweiten Pfarrstelle
(früher Diakone, Jugendprediger oder Kapellane)

um 1459	Peter Benchenius
um 1525	Matthias Starke
	Johann König
	Johann von Utrecht
um 1550	Jonas Aldach o. Aldigers
um 1554	Johann Kortmann
um 1556	Johann Horster
um 1557	Johann Karstens
1565-1589	Peter Schneck
1565-1589	Nicolaus Simon o. Simonis
1590-1624	(1630) Johann Köster (Neocorus) *(Seite 123)*
1616-1624	Thomas Straßburg
1648-1657	Marcus Johannes
1658-1672	Peter Lange
1672-1676	Kaspar Ursinus
1676-1679	Peter Wilde
1679-1693	Abraham Gäncher
1693-1698	Reinhold Claussen
1698-1716	Andreas Steinfeld
1717-1731	Peter Heidemann
1731-1740	Tobias Krohn
1740-1757	Carl Friedrich Meerkatz (Merkatus)
1758-1761	Maas Gottfried Bump
1762-1783	Nikolaus Helmke
1783-1791	Georg Hinrich Greiff
1791-1801	Thomas Petersen
1801-1806	Georg Hinrich Jansen
	Andreas Uedsen

Von 1806 an wurde das Diakonenamt nicht mehr besetzt.

Eine zweite Pfarrstelle für das Kirchspiel Büsum wurde 1962 wieder eingerichtet und 1964 zum ersten Mal besetzt.

1964-1974	Manfred Küchenmeister *(Seite 136)*
1975-1979	Peter Richter
1980-2018	Bärbel Wiebicke *(Seite 137)*
2018-2020	Catharina Klein
seit 2020	Ulrike u. Christian Verwold

Nichttheologische Vorsitzende des Kirchenvorstandes bzw. des Kirchengemeinderates

1965-1979	Dr. Hans Jochims, Arzt
1979-1991	Dr. Theodor Link, Oberstudiendirektor
1991-2009	Dörte Wiedemann, Realschullehrerin
2012-2017	Egon Neu, Realschullehrer
seit 2017	Dipl.-Ing. agr. Bodo Schröder, Landwirt

Literaturverzeichnis

Beseler, Hartwig: Kunst-Topografie Schleswig-Holstein, Neumünster

Blank, Gustav: Chronik von Büsum, Heide 1938

Boysen, Paul J. F. und Dührsen, W.: Büsum, eine Kirchspielschronik, Mölln 1888

Bünz, Enno und Nissen, Nis R., in: Verein für Dithmarscher Landeskunde e. V. (Hg.), Geschichte Dithmarschens. Von den Anfängen bis zum Ende der Bauernrepublik, Boyens Buchverlag, Heide 2015

Chalybaeus, Robert: Geschichte Dithmarschens bis zur Erhebung des Landes im Jahre 1559, Kiel und Leipzig 1888, Neudruck 1973

Evangelisches Gesangbuch, Lutherische Verlagsgesellschaft Kiel, 3. überarbeitete Auflage 2001

Feddersen, Ernst: Kirchengeschichte Schleswig-Holsteins, Band II, 1517-1721, Kiel 1938

Fehse, Johann Heinrich: Nachricht von den evangelisch-lutherischen Predigern in dem Nordertheil Dithmarschens von dem Anfang der Religionsverbesserung an, bis auf diese Zeiten mit allem Fleisse zusammengetragen, Flensburg 1769

Friedrichsen, Marion: St. Clemens-Kirche zu Büsum. Restauratorische Befundsicherung von Mauerwerk/Putz und Anstrichen, Bargteheide, Oktober 2017

Hanssen, J. und Wolf, H.: Chronik des Landes Dithmarschen, Hamburg 1833

Haupt, Richard: Die Bau- und Kunstdenkmäler des Landes Schleswig-Holstein, 1888-1890

Heesch, Hermann: Neocorus, in: Vorträge gehalten auf der Wanderversammlung des Vereins für schleswig-holsteinische Kirchengeschichte in Heide am 18.10.1910. In: Schriften des Vereins für schl.-holst. Kirchengeschichte V/3, 1912

Kinder, Jhs., und Stüben, P.: Das Nordseebad Büsum, Büsum 1906

Jena, Günter: Sei allem Abschied voran. Der Tod in Bachs Musik, Hamburg 2019

Mannowitz, Botho: St. Clemens-Kirche in Büsum. Gotischer Sakramentsschrein um 1475. Vermerk zu Restaurierungsarbeiten vom 1.8.2005 bis 30.11.2005, Bad Oldesloe

Mannowitz, Botho: St. Clemens-Kirche Büsum. Vermerk zur Restaurierung der Kanzel, Bad Oldesloe 30.5.2002

Mannowitz, Botho: Kirche in Büsum. Vermerk zur Restaurierung des Triumph-Kreuz, Bad Oldesloe, 29.7.1997

Mannowitz, Botho: Kirche in Büsum. Vermerk zur Restaurierung der drei Logenstühle unter der Empore (vom 3.7. bis 28.8.1990), Bad Oldesloe, 5.11.1991

Mannowitz, Botho: Kirche in Büsum, Altar. Vermerk zur Restaurierung des Predellabildes, Bad Oldesloe, 10.8.1991

Mißfeldt, Jörg, Die Republik Dithmarschen, in: Verein für Dithmarscher Landeskunde e. V. (Hg.), Geschichte Dithmarschens. Von den Anfängen bis zum Ende der Bauernrepublik, Boyens Buchverlag, Heide 2015

Neocorus oder Johann Adolphi: Chronik des Landes Dithmarschens, aus der Urschrift herausgegeben von Prof. F. C. Dahlmann, Kiel 1827, Neudruck 1978

Ralfs, Peter: Tagebuch von 1775 bis 1809, Kirchenarchiv Büsum

Reimers, Holger: Büsum. St. Clemens. Baugeschichtliche Grundlagenermittlung. Baubestand der Fundamente, Dauenhof-Tatenbusch, Hohenfelde, Dezember 2020

Stolz, Alban: Legende oder Der Sternenhimmel, Freiburg 1924

Sterling, Hubert: Goldschmiedezeichen von Altona bis Tondern, hg. W. Scheffler, Neumünster 1955

Ders.: Der Silberschmuck der Westküste

Verein für Dithmarscher Landeskunde: Geschichte Dithmarschens. 1559-1918, Boyens Buchverlag, Heide 2014

Viethen, A.: Geschichte und Beschreibung des Landes Dithmarschen, Hamburg 1733

Voigt, Walter: Entstand die Büsumer Kirche aus einer Kapelle? In: Schriften des Vereins für schl.-holst. Kirchengeschichte, Band 29, 1973

Wiedemann, Dörte: Norderdithmarschen und die Erhebung 1848, in: Dithmarschen, Zeitschrift für Landeskunde und Heimatpflege, Neue Folge, Juni 1977

Bildnachweise

Nawar Alasad: Titelseite, Rückseite, Seite 27, 31, 36, 44, 52, 56, 59, 61, 72, 77, 78, 82/83, 85, 87, 91, 94/95, 106, 110, 111, 112/113, 114

Landesamt für Denkmalpflege Schleswig-Holstein, Kiel: Seite 10, 13

Boyens Medien, Heide: Seite 9, 14, 16, 21, 22/23, 118, 125

Kirchenarchiv der Kirchengemeinde Büsum: Seite 41

Rainer Thun: Seite 18, 28, 33, 42, 46, 48, 65, 96, 101, 104, 107, 108, 126, 130, 135